TUBA LIBRO NÚMERO 1

# ESSENTIAL ELEMENTS para banda

**MÉTODO DE BANDA COMPRENSIVO**

TIM LAUTZENHEISER • JOHN HIGGINS • CHARLES MENGHINI
PAUL LAVENDER • TOM C. RHODES • DON BIERSCHENK
Traducido al español por Sara Denlinger

Banda es...

**M** anifestando arte musical con una familia de amistades
**U** tilizando nuestra dedicación para crear éxito
**S** uperarse a través de las alegría en trabajar unidos
**I** ndividuos expresándose en un idioma universal
**C** reatividad - expresándote en un idioma universal
**A** ctualizando la unión de varias personas y culturas

Banda es...**MÚSICA!**

*¡A Tocar la música!*
Tim Lautzenheiser

## HISTORIA DE LA TUBA

Los instrumentos romanos antiguos utilizados durante ocasiones militares y ceremoniales se llamaban *tubas*. En realidad, estos instrumentos de bronce o latón fueron los antepasados de la trompeta.

Durante siglos se hicieron varios intentos por inventar un instrumento de bajo para la familia de los metales. Estos instrumentos incluyeron el serpento y el oficleido.La tuba moderna, con 3 a 5 válvulas, fue desarrollada en la década de 1820. Las campanas de las tubas pueden apuntar hacia arriba o curvarse hacia adelante (en el caso del recording bass). En 1898, John Philip Sousa desarrolló la sousafón para las bandas de marcha.

La familia de las tubas incluye la tuba en Si♭ (Si bemol) —la más común—, las tubas en Mi♭, Mi, Fa y Do.

Las tubas son el fundamento grave e importante de la banda de concierto. Tocan las líneas de bajo, se mezclan con otros instrumentos y también interpretan solos.

Wagner, Mahler, R. Strauss, Vaughan Williams y Hindemith son compositores que han incluido tubas en sus obras. Algunos famosos intérpretes de tuba son William J. Bell, Harvey Phillips, Roger Bobo, Arnold Jacobs, Charles Daellenbach y Øystein Baadsvik.

Para crear una cuenta, visite:
**www.essentialelementsinteractive.com**

Codigo de activacion de estudiante
E1TU-ES44-0225-5166

ISBN 979-835015938-7

# LO BÁSICO

## Postura

Siéntate en el borde de tu silla y manten siempre tu:

- Columna vertebral recta y alta
- Hombros hacia atrás y relajado
- Hombros hacia atrás y relajado

## Hombros hacia atrás y relajado

Respirar es algo natural que todos hacemos constantemente. Para descubrir la corriente de aire correcta para tocar su instrumento:

- Coloca la palma de tu mano cerca de tu boca.
- Inhala profundamente por las comisuras de la boca, manteniendo los hombros firmes. Tu cintura debe expandirse como un globo.
- Susurra lentament "ta" mientras exhalas gradualmente aire en la palma de tu mano.

El aire que sientes es la corriente de aire. Produce sonido a través del instrumento. la lengue es como un grifo o una válvula que libera la corriente de aire.

## Cómo producir el sonido esencial

El "sumbido" a través de la boquilla produce tu tono. El zumbido es una vibración rápida en el centro de los labios. Tu embocadura (se pronuncia am-ba-shur) es la posición de tu boca sobre la boquilla del instrumento. Una buena embocadura requiere tiemo y esfuerzo, así que sigue cuidadosamente estos pasos para tener éxito:

### Vibración de los labios – zumbido

- Humedece tus labios
- Junta los labios como si fueras a decir la letra "m".
- Relaja la mandíbula para separar los dientes superiores e inferiores.
- Forma una sonrisa ligeramente fruncida para fortalecer las comisuras de la boca.
- Dirige un flujo de aire completo por el centro de los labios, creando un zumbido.
- Haz zumbidos con frecuencia sin la boquilla.

### Colocación de la boquilla

- Forma tu embocadura de "zumbido".
- Centra la boquilla sobre tus labios. Tu profesor puede sugerir una colocación ligeramente diferente.
- Toma una respiración completa por las comisuras de la boca.
- Comienza tu zumbido con la sílaba "ta". Haz el zumbido por el centro de tus labios manteniendo un zumbido constante y uniforme. Tus labios sirven como amortiguador para la boquilla.

## Cuidando tu instrumento

Antes de guardar tu instrumento en su estuche después de tocar, haz lo siguiente:

- Usa la llave de agua para vaciar el líquido del instrumento. Sopla aire a través de él.
- Retira la boquilla. Una vez a la semana, lava la boquilla con agua tibia del grifo y sécala completamente.
- Limpia el instrumento con un paño limpio y suave. Devuélvelo a su estuche.

Las válvulas de la tuba necesitan aceite ocasionalmente. Para aceitar las válvulas de tu tuba:

- Desenrosca la válvula en la parte superior del alojamiento.
- Levanta la válvula hasta la mitad fuera del alojamiento.
- Aplica unas gotas de aceite especial para válvulas de metal a la válvula expuesta.
- Devuelve cuidadosamente la válvula a su alojamiento. Cuando esté correctamente insertada, la parte superior de la válvula debería enroscarse fácilmente en su lugar.

Asegúrate de engrasar los deslizadores regularmente. Tu director recomendará el tipo de grasa para deslizadores y el aceite para válvulas, y te ayudará a aplicarlos cuando sea necesario.

## Entrenamiento con boquilla

Forma la embocadura alrededor de la boquilla y respira profundamente sin levantar los hombros. Susurra "ta" y exhala gradualmente toda tu corriente de aire. Esfuérzate por tener un tono uniforme.

## Reuniéndolo todo

**Paso 1** Si estás tocando una tuba, colócala sobre tus piernas, con el receptor de la boquilla hacia ti. Si estás tocando una sousafón, coloca la sección circular abierta sobre tu hombro izquierdo. Descansa el brazo derecho cómodamente sobre los tubos del instrumento.

**Paso 2** Gira con cuidado la boquilla hacia la derecha para colocarla en el receptor de la boquilla.

**Paso 3** Coloca el pulgar derecho en el anillo para el pulgar. Apoya las yemas de los dedos sobre las válvulas, manteniendo la muñeca recta. Los dedos deben estar naturalmente curvados.

**Paso 4** Para las tubas, coloca la mano izquierda en la primera bomba de válvula o en el tubo junto a ella. Levanta el instrumento hacia ti y apóyalo en tu regazo.

**Paso 5** Asegúrate de que puedas alcanzar la boquilla cómodamente. Sujeta la tuba como se muestra:

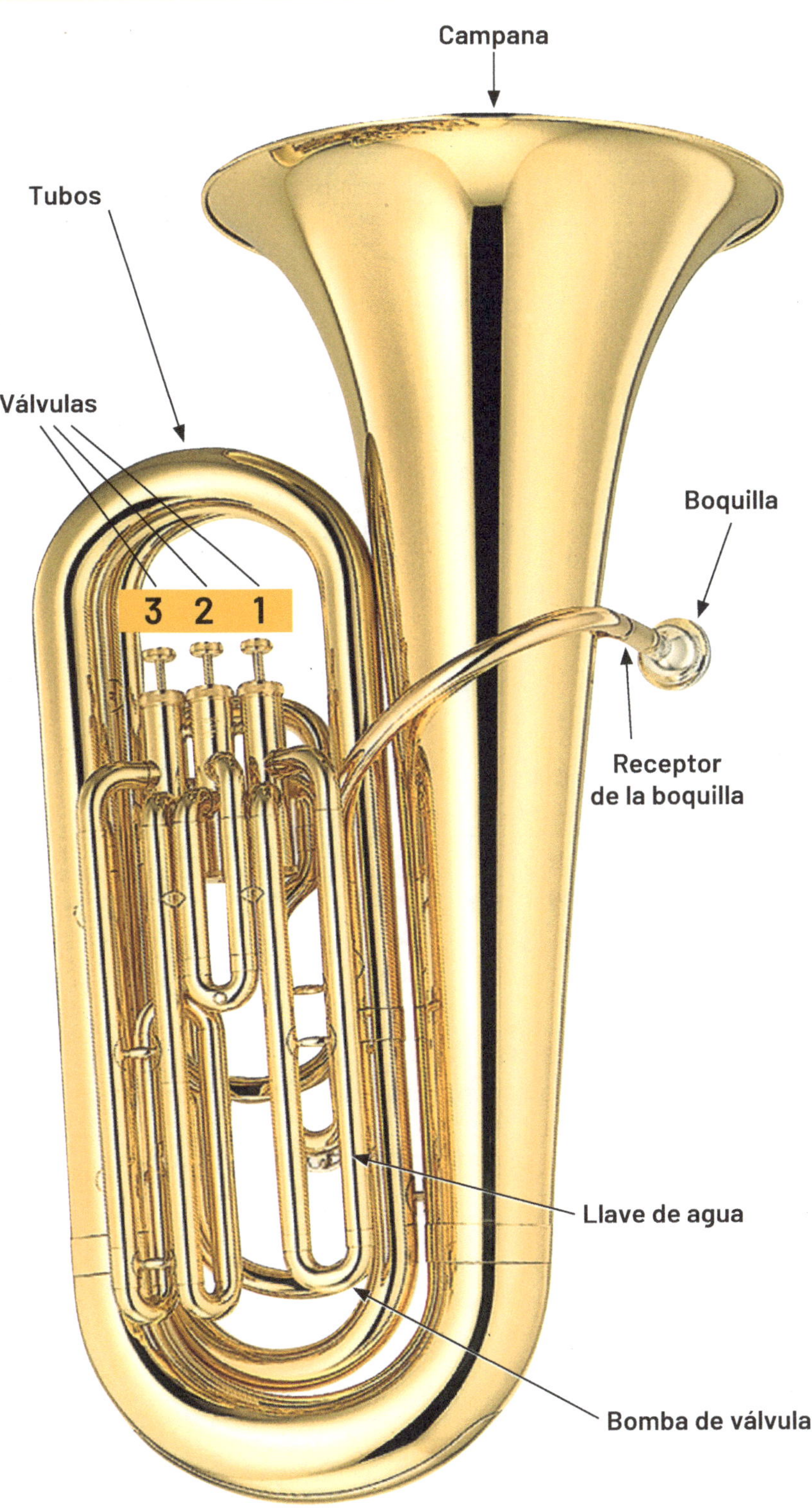


*Estudiante que se muestra es miembro de la Orquesta Sinfónica Juvenil de Milwaukee.*

## LECTURA DE MÚSICA

Identifica y dibuja cada uno de estos símbolos:

### Pentagrama

**El Pentagrama de Música** tiene 5 líneas y 4 espacios donde se escriben notas y silencios.

### Lineas adicionales

**Las líneas adicionales** amplían el pentagrama musical. Las notas en las líneas adicionales pueden estar por encima o por debajo del pentagrama.

### Compases y lineas divisoras

*Compás* *Compás*

*Las líneas divisorias*

**Las líneas divisorias** dividen el pentagrama musical en compases.

***Clarificación:*** La palabra compás también se refiere a la fracción numérica que aparece al principio de una canción para indicar cuantos pulsos se encuentran en un compás (el espacio entre las lineas divisoras), pero ese concepto será explicado con mas detalle después en este libro.

## Tono largo

Para empezar, usaremos una nota especial de "Tono Largo". Mantén el tono hasta que tu profesor te diga que descanses. Practica tonos largos todos los días para desarrollar tu sonido.

### 1. La primera nota

Mantén cada tono largo hasta que tu profesor(a) te diga que descanses

*"Fa" se toca con las **válvulas abiertas**. Solo apoya los dedos ligeramente sobre las válvulas.*

## El Ritmo

El **ritmo** es el pulso de la música y, como los latidos del corazón, debe permanecer muy constante. Contando en voz alta y dando golpecitos con los pies nos ayuda a mantener un ritmo constante. Golpea suavemente con el pie hacia **abajo** cada número y hacia **arriba** en cada "y."

**Un pulso = 1 y**
↓ ↑

## Notas y Silencios

Las **notas** nos dicen cuales tonos tocan (alto o bajo) dependiendo en donde aparecen en el pentagrama musical, y también nos dice que duración darles dependiendo en su forma (negra, blanca redonda, etc.). Los **silencios** indican la duración de descanso.

| | | | |
|---|---|---|---|
| ♩ | **Nota negra** | **=** | **1 pulso de sonido** |
| 𝄽 | **Silencio de la negra** | **=** | **1 pulso de silencio** |

### 2. Cuenta y toca

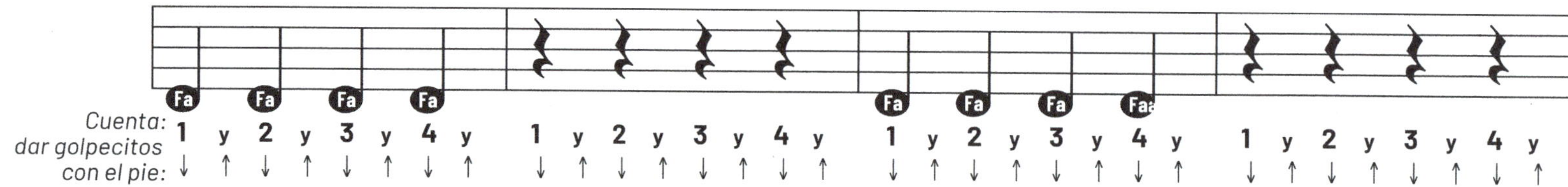


### 3. Una nota nueva

Busca el diagrama de digitación debajo de cada nota nueva.

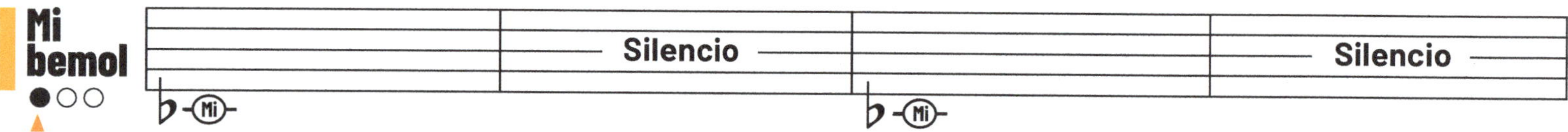


*Los círculos negros te indican qué válvulas presionar. La nota "Mi-bemol" se toca con la **primera válvula**.*

### 4. Dos son un equipo

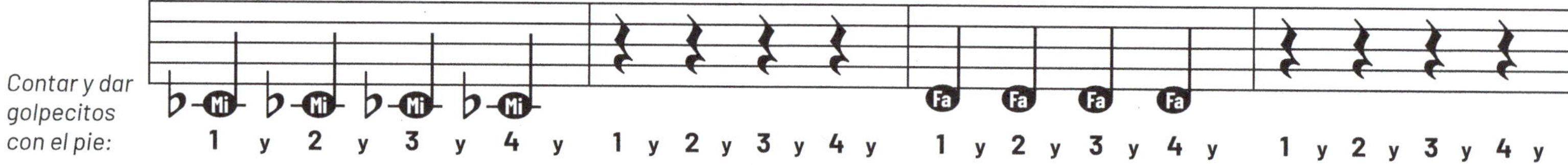


### 5. Hacia abajo

Practica tonos largos sobre cada nota nueva.

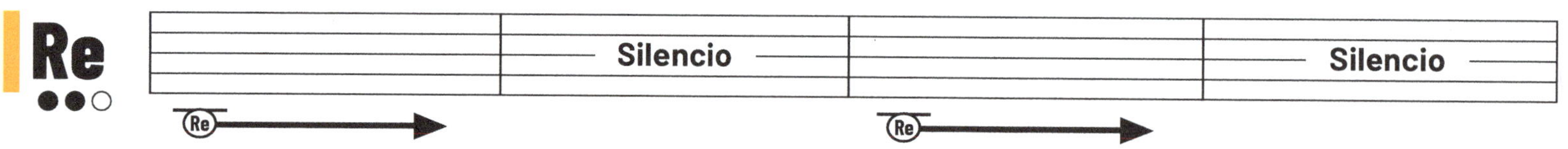


### 6. Avanzando hacia arriba

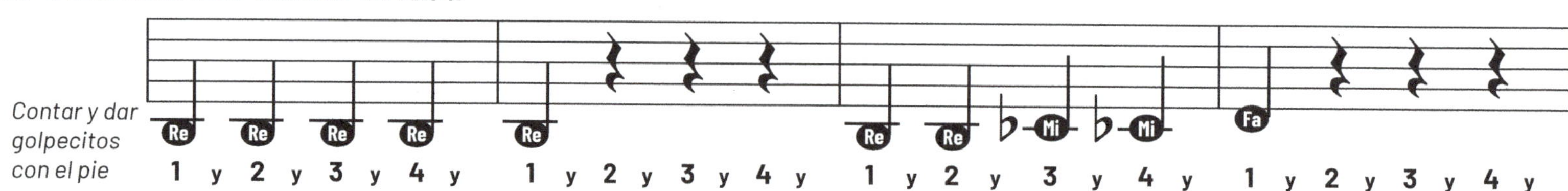

**Doble barra**  Indica el final de una sección de música.

**Signo de repetición**  Sin parar, toca la canción una vez más desde el principio.

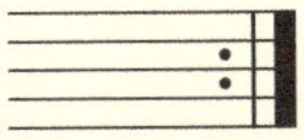

## 7. El largo plazo

*Doble barra* ▼

**Do**

Silencio
Silencio
Do
Do

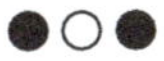

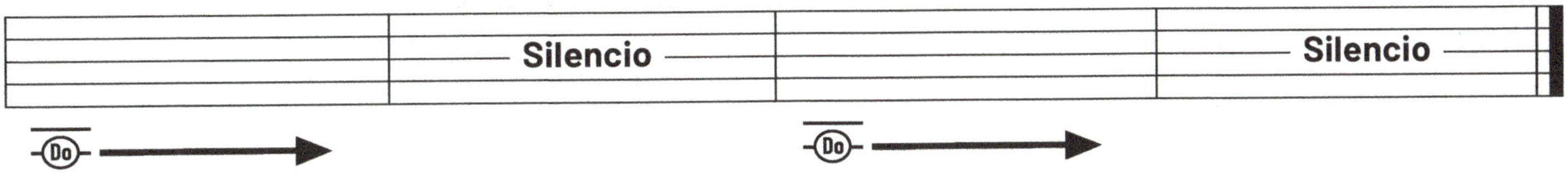

## 8. Cuatro por cuatro

*Signo de repetición* ▼

*Contar y dar golpecitos con el pie:*

Do Do Do Do
Re
Fa Fa Fa Fa
Mi
1 y 2 y 3 y 4 y 1 y 2 y 3 y 4 y 1 y 2 y 3 y 4 y 1 y 2 y 3 y 4 y

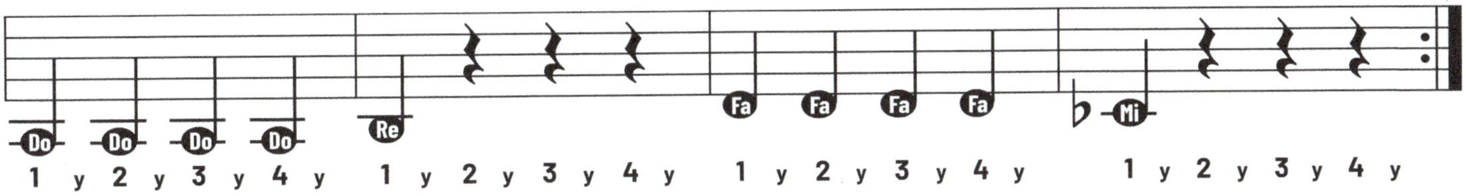

## 9. La llegada

**Si bemol**

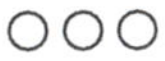

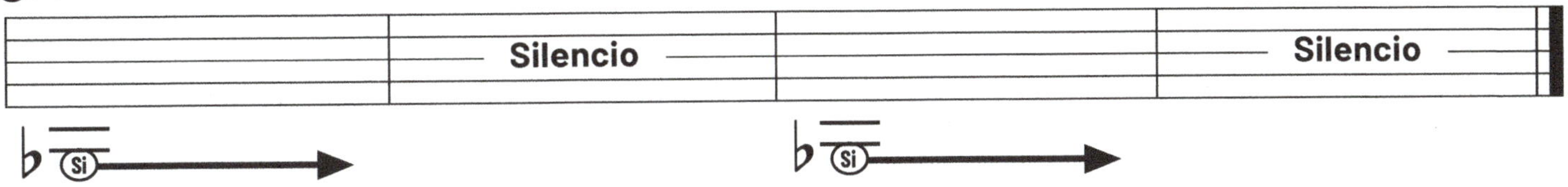

Silencio
Silencio
Si
Si

## 10. Los fabulosos cincos

Si Si Si Si
Do
Fa Fa Mi Mi
Re
1 y 2 y 3 y 4 y 1 y 2 y 3 y 4 y 1 y 2 y 3 y 4 y 1 y 2 y 3 y 4 y

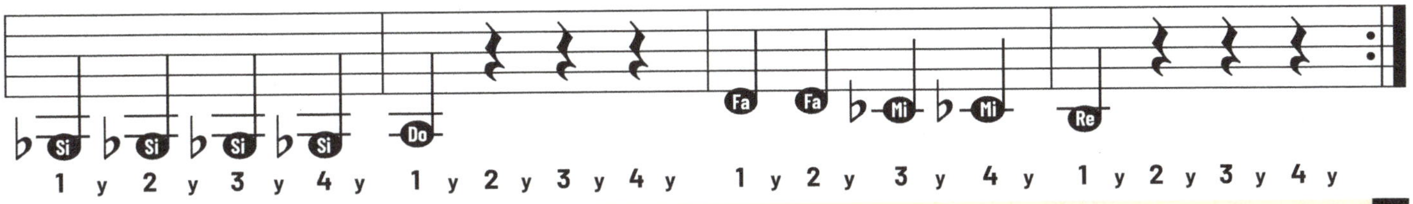

### Clave de Fa

Indica la posición de los nombres de las notas sobre el pentagrama musical. La cuarta línea del pentagrama es Fa.

### Compás (Tiempo)

Parece una fracción. El número de arriba indica cuantos pulsos por compás y el número de abajo indica que tipo de nota recibe un solo pulso.

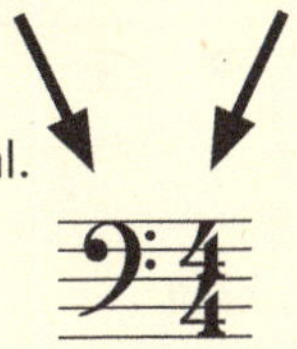

= **4 pulsos** por cada compás
= **La nota negra** recibe un solo pulso

### Nombre de notas

Cada nota aparece sobre una linea o en un espacio del pentagrama. Los nombres de estas notas son indicados por la Clave de Fa.

Mi Fa Sol La Si Do Re Mi Fa Sol La

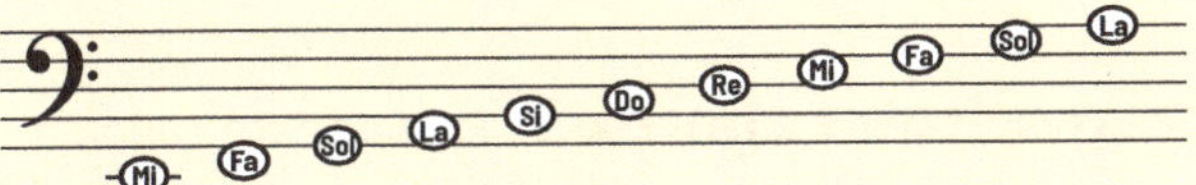

**Sostenido** ♯ sube el tono de una nota por medio paso y su efecto dura el compás entero.

**Bemol** ♭ baja el tono de una nota por medio paso y su efecto dura el compás entero.

**Becuadro** ♮ cancela un sostenido o bemol y su efecto dura el compás entero.

TEORÍA

## 11. Leyendo las notas *Compare esto al ejercicio #10 (Los fabulosos cincos)*

1 y 2 y 3 y 4 y 1 y 2 y 3 y 4 y 1 y 2 y 3 y 4 y 1 y 2 y 3 y 4 y

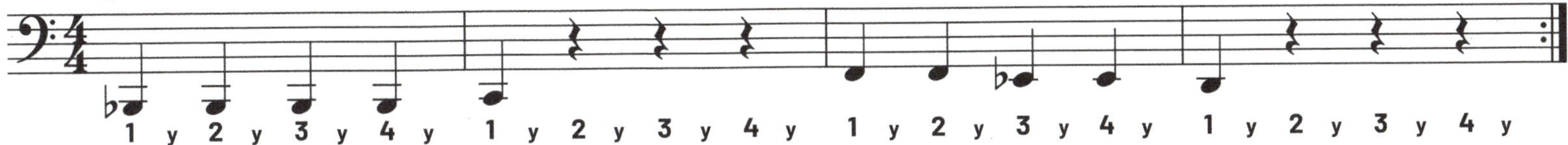

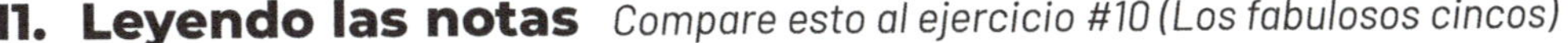

## 12. Primer vuelo

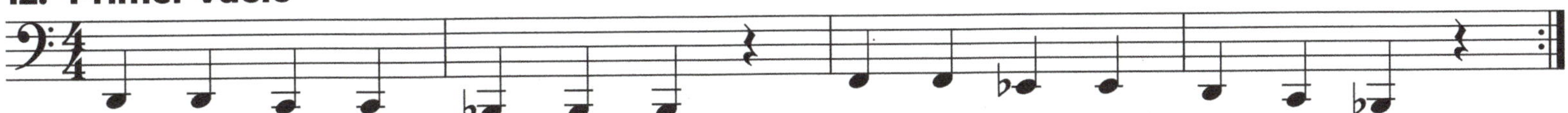

## 13. Essential Elements: Prueba *Escribe los nombres de las notas que faltan antes de empezar a tocar.*

Si♭ Do Re

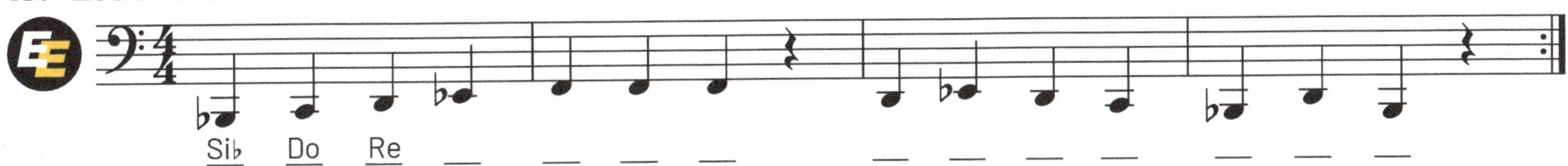

## Notas en repaso

Memoriza la posición de los dedos (digitaciones) para las notas que has aprendido

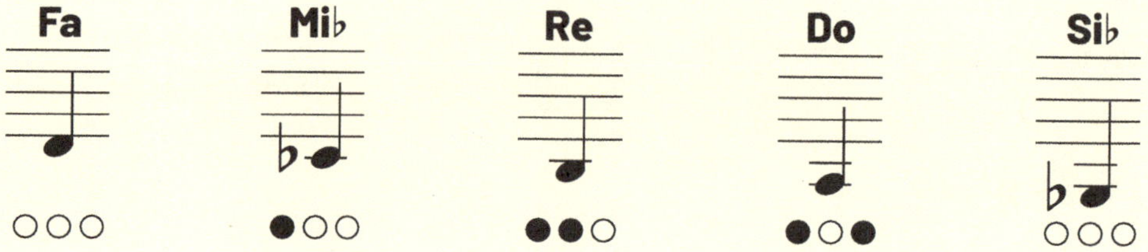

Fa
Mi♭
Re
Do
Si♭

### 14. Rodando

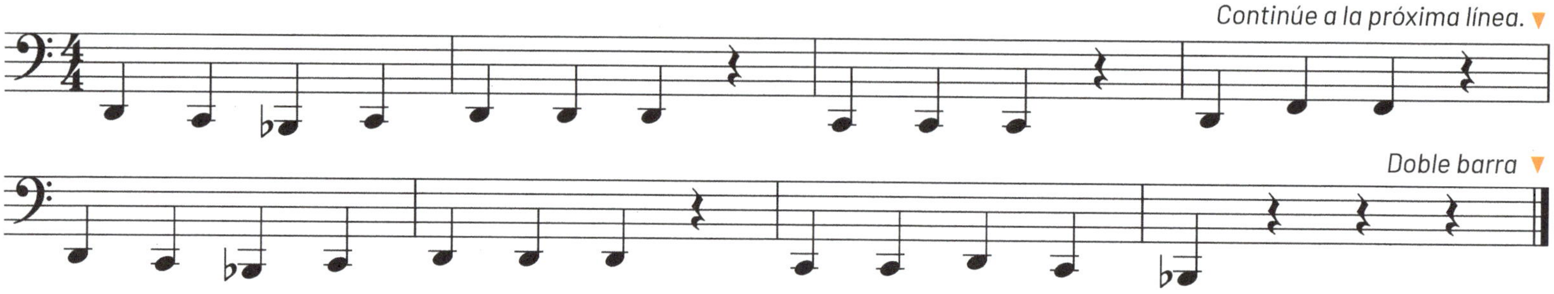

Continúe a la próxima línea.
Doble barra

## La nota blanca

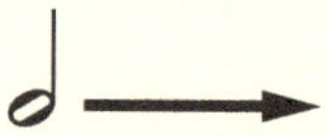

 = 2 pulsos

1 y 2 y

## El silencio de la blanca

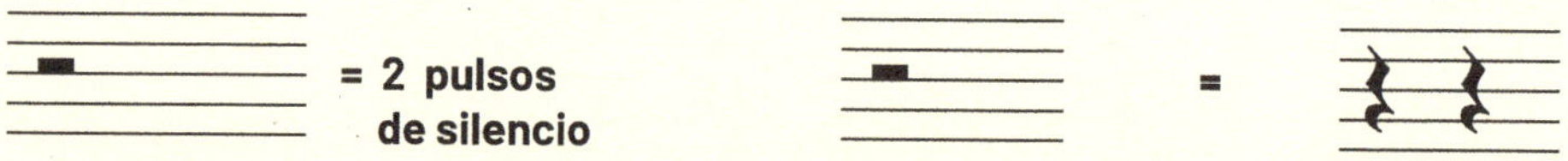

= 2 pulsos de silencio

1 y 2 y

### 15. Rap de ritmo

*Tocar el ritmo con palmadas mientras contando y dando golpecitos.*

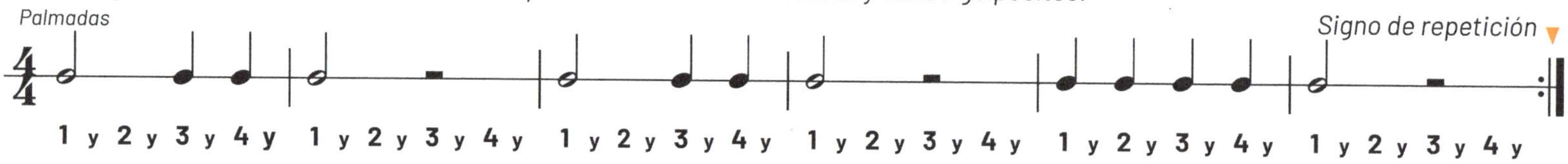

Palmadas
Signo de repetición
1 y 2 y 3 y 4 y 1 y 2 y 3 y 4 y 1 y 2 y 3 y 4 y 1 y 2 y 3 y 4 y 1 y 2 y 3 y 4 y 1 y 2 y 3 y 4 y

### 16. La blanca cuenta

1 y 2 y 3 y 4 y 1 y 2 y 3 y 4 y 1 y 2 y 3 y 4 y 1 y 2 y 3 y 4 y 1 y 2 y 3 y 4 y 1 y 2 y 3 y 4 y

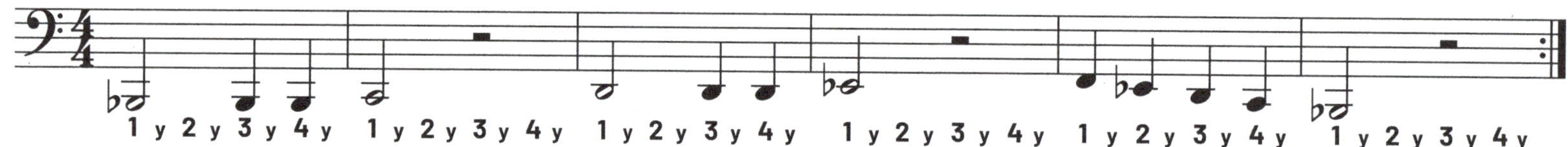

### 17. Panecitos calientes

*Prueba esta canción solo con la boquilla, luego tócalo en tu instrumento.*

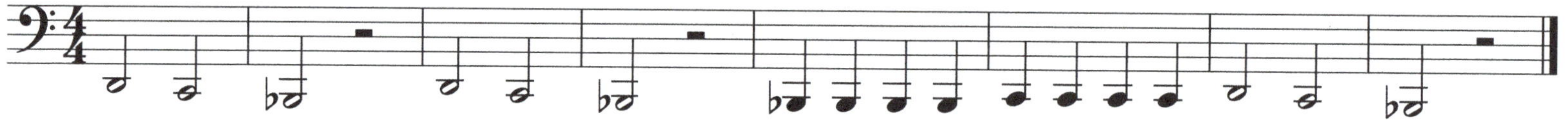

## Signo de respiración

Respira profundamente por la boca después de tocar una nota completa.

### 18. Díselo a tía Rhodie

Canción folclórica estadounidense

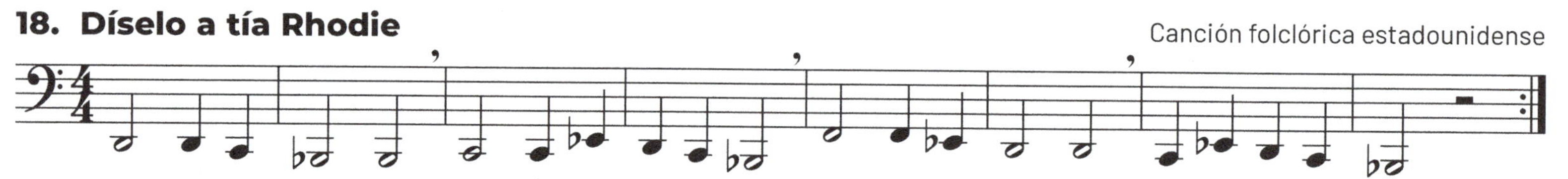

### 19. Essential Elements: Prueba

*Usando los nombres de las notas y los ritmos que aparecen debajo, dibuja tus notas en el pentagrama antes de empezar a tocar.*

Mi bemol Fa Mi bemol Re Mi bemol Re Do Si bemol Do Re Mi bemol Re Mi bemol

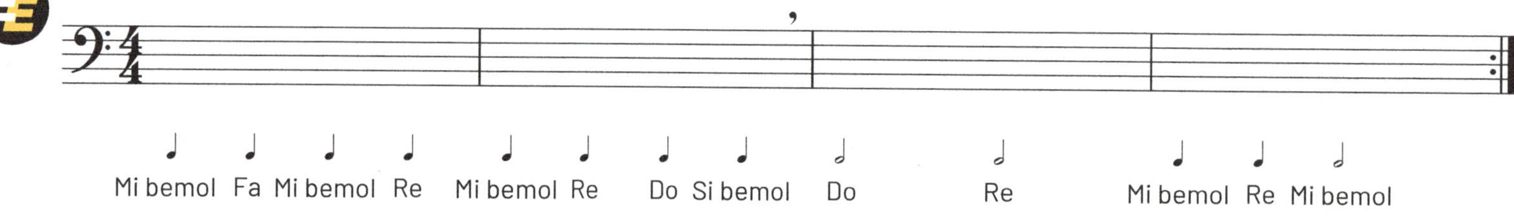

La nota redonda
= 4 pulsos
1 y 2 y 3 y 4 y
El silencio de la redonda
= Un compás entero de silencio
1 y 2 y 3 y 4 y
El silencio de la redonda
aparece suspendido de una línea del pentagrama
El silencio de la Blanca
aparece suspendido de una línea del pentagrama
20. Rap de ritmo Tocar el ritmo con palmadas mientras contando y dando golpecitos.
Palmadas
1 y 2 y 3 y 4 y 1 y 2 y 3 y 4 y 1 y 2 y 3 y 4 y 1 y 2 y 3 y 4 y 1 y 2 y 3 y 4 y 1 y 2 y 3 y 4 y
21. La redonda entera
1 y 2 y 3 y 4 y 1 y 2 y 3 y 4 y 1 y 2 y 3 y 4 y 1 y 2 y 3 y 4 y 1 y 2 y 3 y 4 y 1 y 2 y 3 y 4 y
Dúo
Una composición con dos tocados juntos diferentes.
22. Decisión dividida – dùo
A
B
Armadura
La armadura nos dice cuáles notas tocar con sostenidos (♯), o bemoles (♭) en la música. Tu armadura indica la Clave de Sí bemol (B♭) - toca todas las notas “Sí” y tambien “Mí” como bemoles (♭).
TEORÍA
23. Pasos de marcha
Toca Sí bemol y Mi bemol
24. Escuchar a nuestras secciones
percusión
vientos madera
vientos metal
percusión
vientos madera
vientos metal
perc. maderas metales todos
25. Suavemente rema
26. Essential Elements: Prueba Dibuja las líneas que dividen cada compás antes de empezar a tocar.
EE

**Calderón** 𝄐 Sostener la nota (o silencio) por más tiempo que lo normal.

## 27. Llegando más alto – nota nueva

*Practica tonos largos sobre cada nota nueva.*

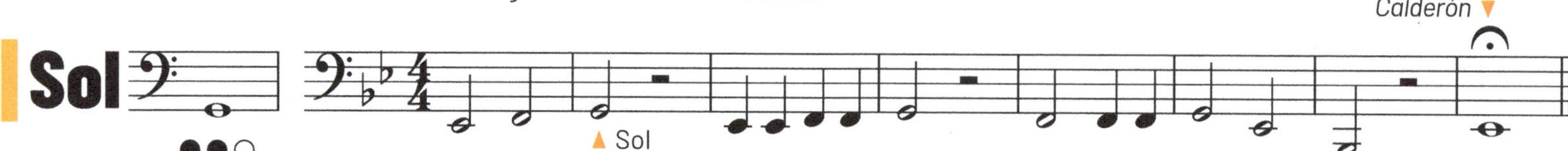


## 28. El claro de la luna

Canción folclórica francesa

## 29. Remezcla

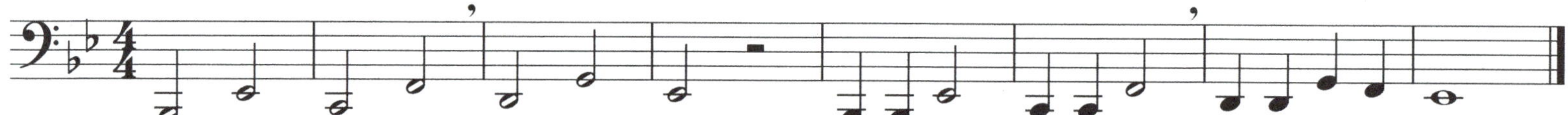

**TEORÍA**

**Armonía** Dos o más notas tocadas juntas; Cada combinación forma un *acorde*.

## 30. El puente de Londres – dúo

Canción folclórica inglesa

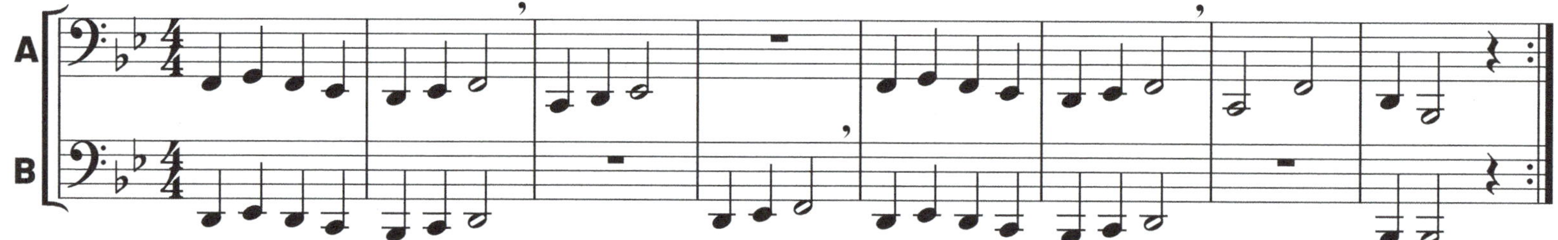


**HISTORIA**

Compositor Austriaco **Wolfgang Amadeus Mozart** (1756–1791) fué un niño prodigio quien empezó tocando música profesionalmente a los seis años y vivió durante el tiempo de la revolución americana. La música de Mozart es muy melódica e imaginativa. Escribió mas de 600 composiciones durante su corta vida, incluyendo una pieza para el piano basado en la famosa canción, "Twinkle, Twinkle, Little Star."

## 31. Una melodía de Mozart

Adaptación

## 32. Essential Elements: Prueba

*Dibuja estos símbolos donde corresponden y escribe las notas antes de empezar a tocar:*

### 33. Bolsillos profundos – nota nueva

### 34. "Doodle" todo el día

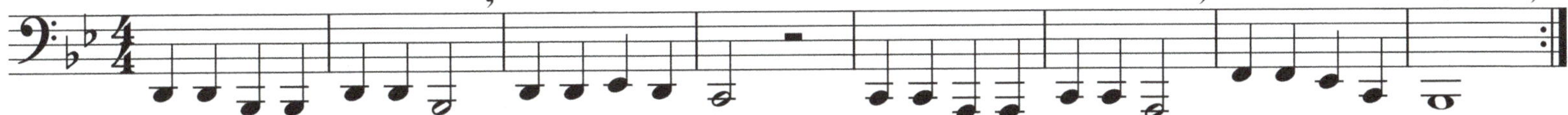

### 35. Brinca soga

*Consulta el interior de la portada para obtener información sobre cómo acceder a los videos instructivos.*

**Notas preparatorias**

Una o más nota(s) que vienen antes del primer compás *completo*.
Los pulsos de las notas preparatorias son removidos del último compás.

### 36. A-tisket, a-tasket

**Indicadores de dinámicas**

***f*** – *forte* (tocar fuertemente)
***mf*** – *mezzo forte* (tocar en volumen nivel mediana)
***p*** – *piano* (tocar suavemente)
Recuerda usar soporte de respiración completo para controlar tu tono en todos niveles dinámicas

### 37. Fuerte y suave

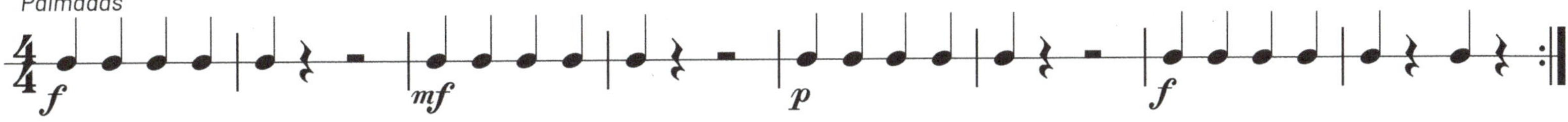


### 38. Cascabeles

*También practica la música nueva solo en tu boquilla.*

J. S. Pierpont

### 39. Mi dreydl

*Utilice soporte completo de respiración en cada nivel dinámica.*

Canción tradicional de Hanukkah

## Notas Corcheas

Cada nota corchea= 1/2 pulso
Dos notas corcheas= 1 pulso
*Tocar una nota en cada mitad del pulso (el golpe en el piso y hacia arriba)*

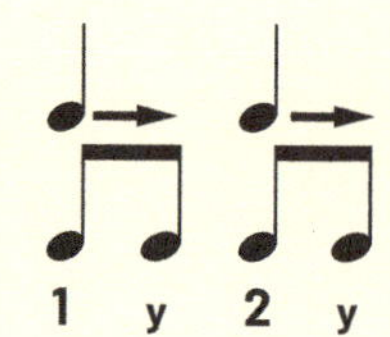


Dos o más notas corcheas son conectadas por una viga horizontal que atraviesa las plicas.

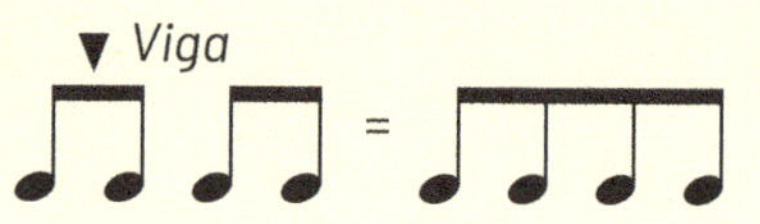


### 40. Rap de ritmo *Tocar el ritmo con palmadas mientras contando y dando golpecitos.*

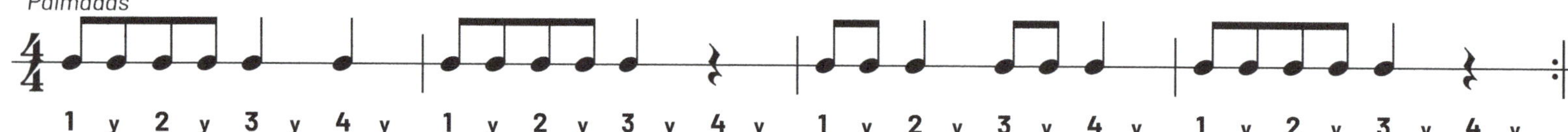


### 41. "Jam" de corcheas

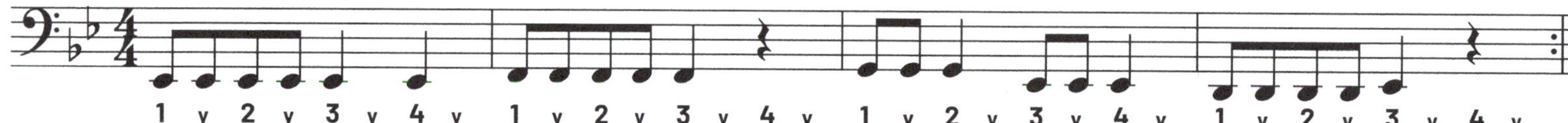


### 42. Saltar hacia mi Luis

Canción folclórica estadounidense

### 43. Hace mucho, mucho tiempo *Una buena postura mejora tu tono. Siempre siéntate derecho/a.*

### 44. Rock de Montaña Caramelo

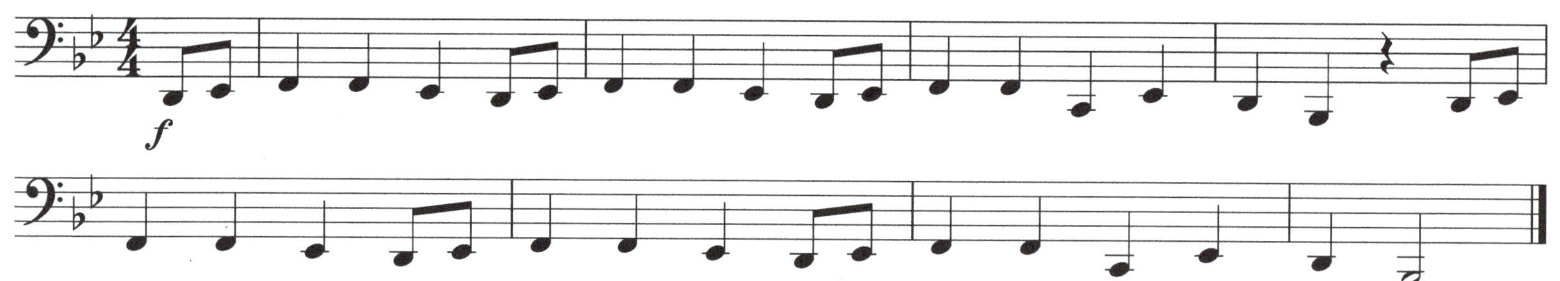


**HISTORIA**

Compositor Italiano **Gioachino Rossini** (1792–1868) empezó a escribir música en su adolescencia y era muy competente tocando el piano, la viola y el corno. Rossini compuso "William Tell" a los 37 años como su último de sus 40 óperas, y su tema familiar se oye todavía en televisión y radio.

### 45. Essential Elements: Prueba – William Tell

Gioachino Rossini

## Compás de $\frac{2}{4}$

$\frac{2}{4}$ = **2 pulsos** por cada compás
= **Nota negra** vale 1 pulso

## Dirigiendo

Practica dirigir este patrón de dos pulsos

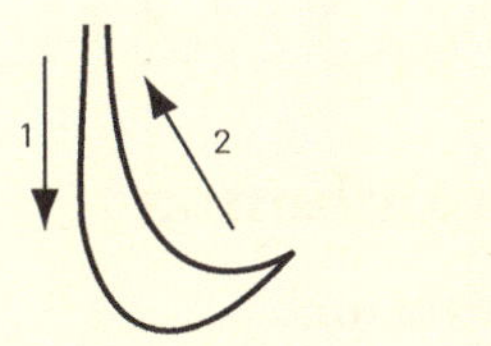


### 46. Ritmo rap

*Palmadas*

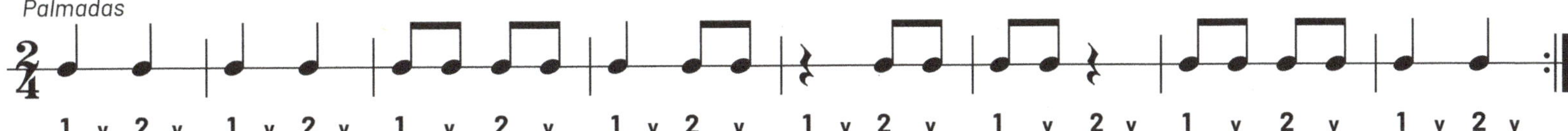


### 47. De dos en dos

## Indicadores de tempo

"Tempo" es la velocidad de la música. Marcas de tempo generalmente se escriben sobre el pentagrama, en italiano.

**Allegro** – Tempo rápido **Moderato** – Tempo mediana **Andante** – Ritmo de marcha o caminar más lento

### 48. Marcha de cadetes secundarios

John Philip Sousa

### 49. ¡Oye! Nadie esta en casa

## Dinámicas

***Crescendo*** (gradualmente aumentando el volumen)

***Decrescendo*** o ***Diminuendo*** (gradualmente reduciendo el volumen)

### 50. Toca las dinámicas con palmadas

*Palmadas*

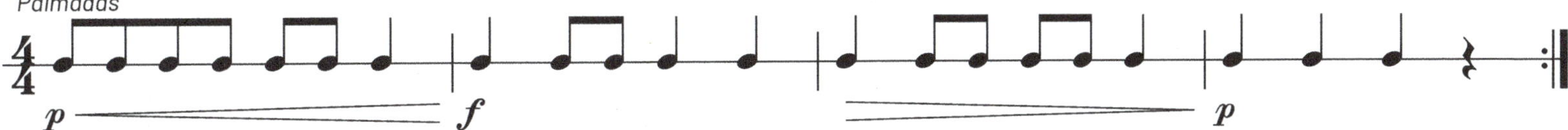


### 51. Toca las dinámicas

*¿Buscas más música divertida para tocar? Consulte la portada interior para obtener instrucciones sobre cómo acceder a las canciones adicionales populares y recientes.*

# RENDIMIENTO DESCATADO

## 52. Calentamientos

### Desarrollador de tono

### Estudio de ritmo

### Rap de ritmo

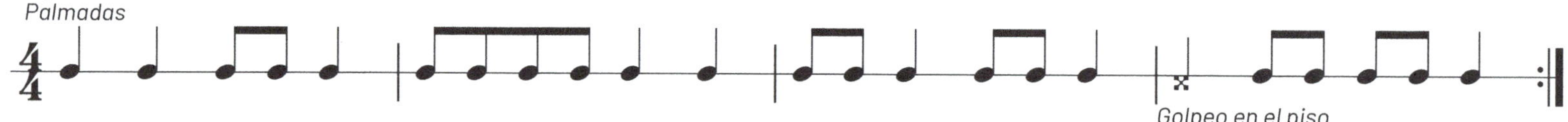


### Coral

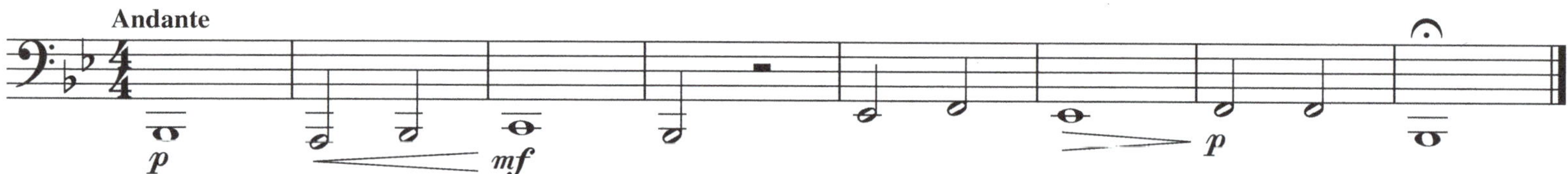


## 53. Aura Lee – dúo o arreglo para banda

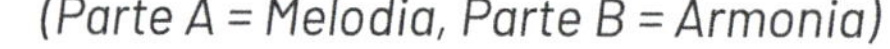
(Parte A = Melodia, Parte B = Armonia)

George R. Poulton

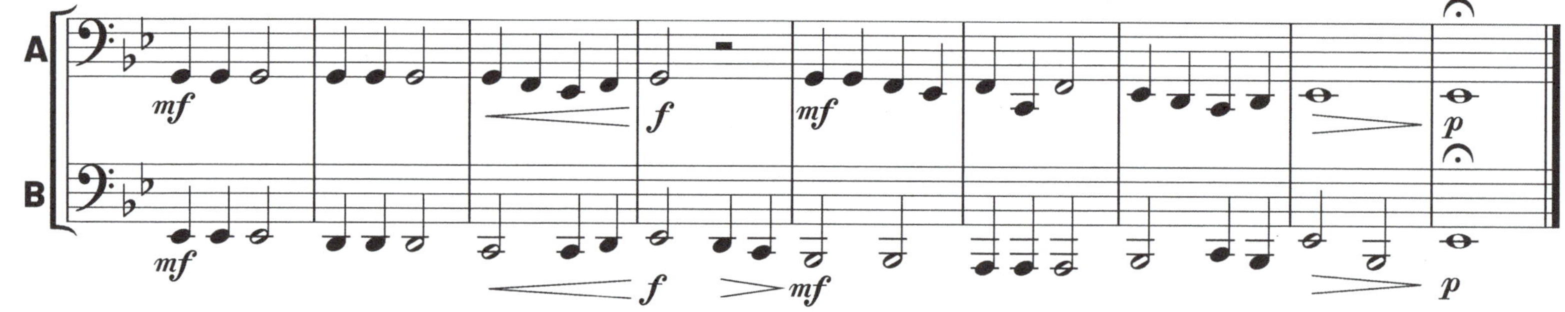


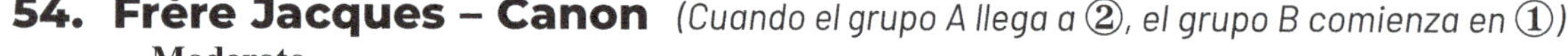

## 54. Frère Jacques – Canon *(Cuando el grupo A llega a ②, el grupo B comienza en ①)*

Canción folclórica francesa

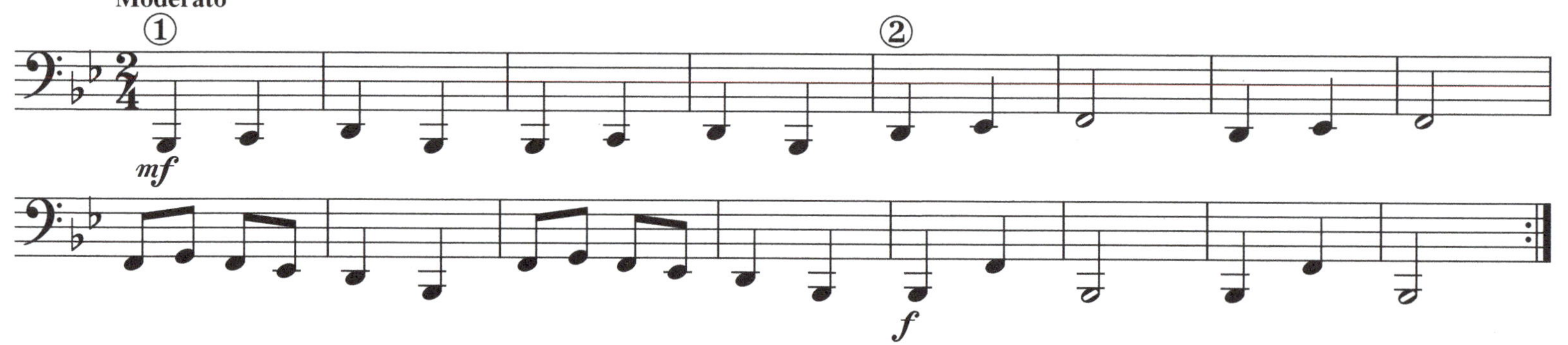

# RENDIMIENTO DESCATADO

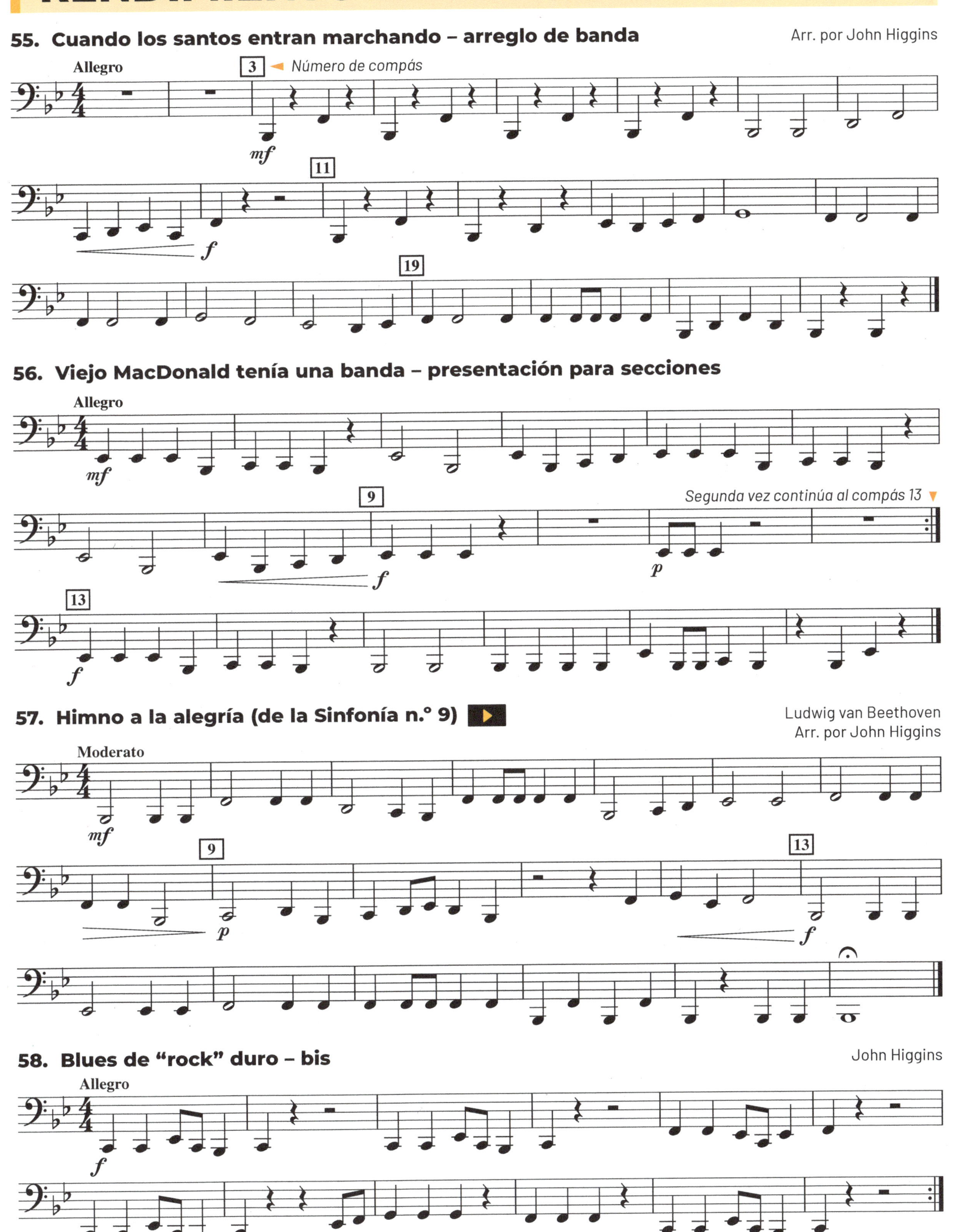

## Ligadura

Una línea curva que conecta notas del mismo tono.
Toca una nota durante el tiempo total de las notas.

### 59. Listo para ser ligados

### 60. Alouette

Canción folclórica francocanadiense

## Nota blanca con puntillo

Puntillo

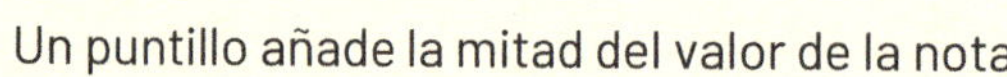

Un puntillo añade la mitad del valor de la nota.

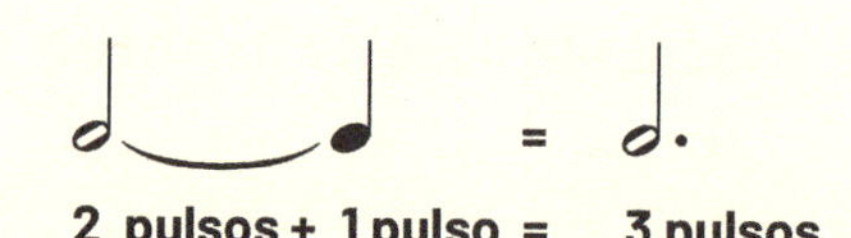


### 61. Alouette – la secuela

Canción folclórica francocanadiense

### 62. Está lloviendo

### 63. Rumbos nuevos

### 64. Los nobles

*Utiliza siempre la corriente de aire completa. Keep fingers on top of the valves, arched naturally.*

### 65. Essential Elements: Prueba

## $\frac{3}{4}$ Compás (Tiempo)

= **3 pulsos** por cada compás
= **Nota Negra** recibe un pulso

## Dirigiendo

Practica dirigir esta patrón de 3 pulsos

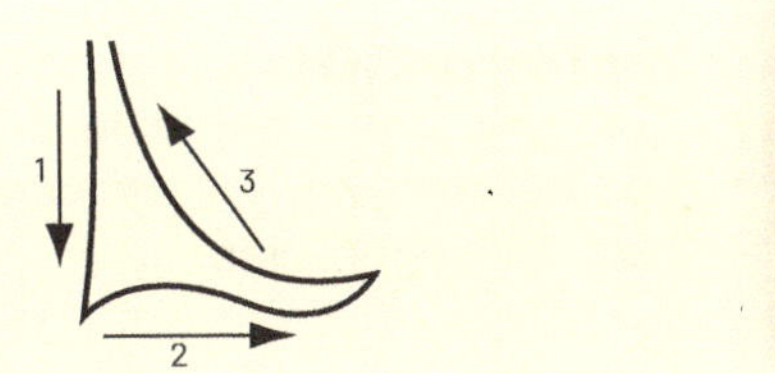


TEORÍA

### 66. Ritmo rap

*Palmadas*

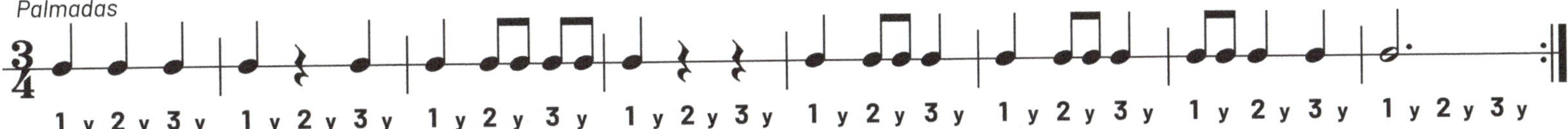


### 67. Jam de tres pulsos

### 68. Barcarolle

Jacques Offenbach

Moderato

HISTORIA

El compositor noruego **Edvard Grieg** (1843-1907) escribió *Peer Gynt Suite* para una obra de teatro de Henrik Ibsen en 1875, un año antes de que el teléfono fue inventado por Alexander Graham Bell. "Morning" es una melodía de *Peer Gynt Suite*. La música utilizada en obras de teatro o películas se denomina **música incidental**.

### 69. Mañana (Peer Gynt)

Edvard Grieg

Andante

## Signo de acentuación

Enfatiza la nota.

### 70. Acentúa tu talento

*Palmadas*

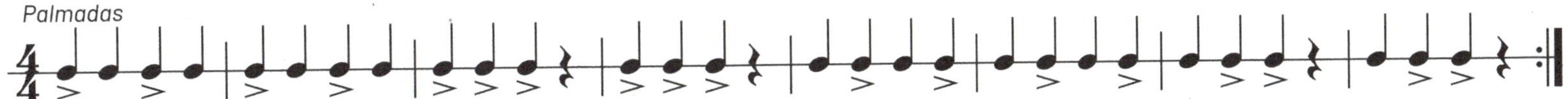

HISTORIA

**La música latinoamericana** tiene sus raíces en las culturas africana, nativa americana, española y portuguesa. Esta diversa música se caracteriza por vibrantes acompañamientos de tambores y otros instrumentos de percusión como maracas y claves. La música latinoamericana continúa influyendo la música de jazz, clásica y los estilos populares. "Chiapanecas" es una popular canción infantil de baile y juego.

### 71. Chiapanecas

Canción folclórica latinoamericana

### 72. Creatividad Esencial

*Compone tu propia música para los compases 3 y 4 utilizando este ritmo:*

TEORÍA

## Alteración

Cualquier signo sostenido, bemol o natural que aparece en la música sin estar en la armadura se llama una **alteración**.

## Bemol ♭

Un **bemol** baja el tono de una nota por medio tono. La nota La bemol suena medio tono por debajo de La, y todas las notas La se convierten en La bemol durante el resto del compás donde aparecen.

### 73. Panecitos calientes – nota nueva

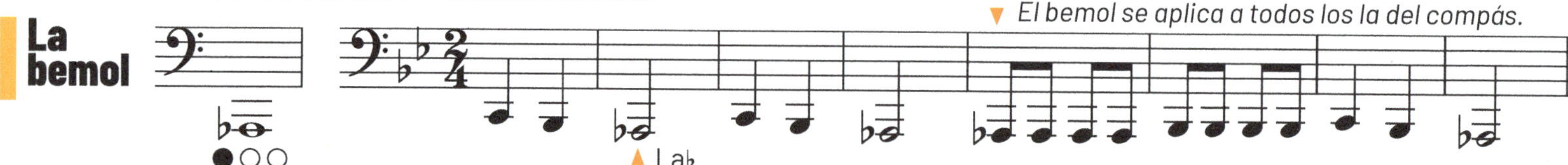


### 74. Baile cosaca

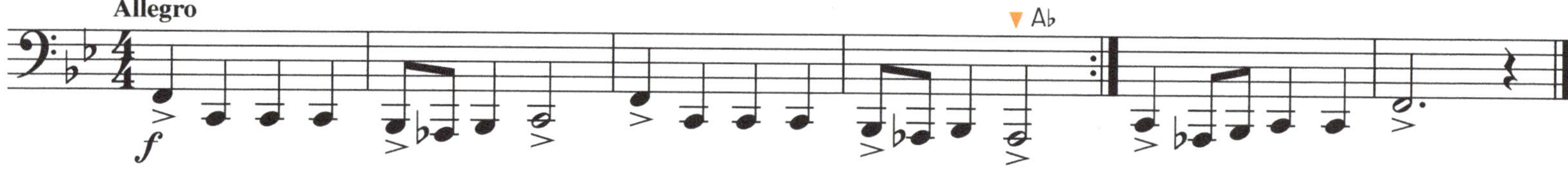


### 75. Blues básico – nota nueva

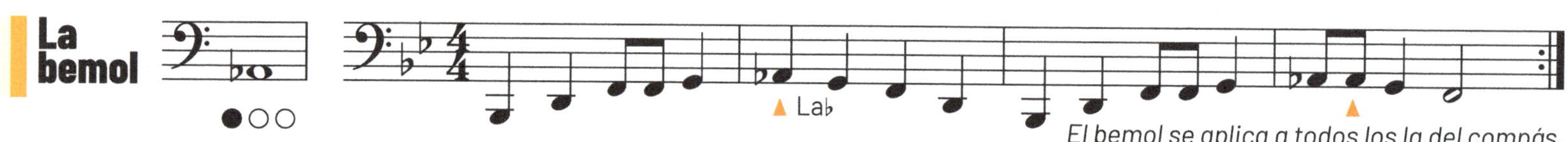


TEORÍA

## Armadura Nueva

Esta Armadura indica la clave de Mi Bemol (E♭) - Toca cada Si (B), cada Mi (E♭) y cada La (A) como bemoles.

## Primeras y Segundas Terminaciones

Toca la sección repetida hasta el final de la Primera Terminación. Repite la sección indicada, omitiendo la Primera Terminación y **saltando** a la Segunda Terminación.

### 76. Altos vuelos

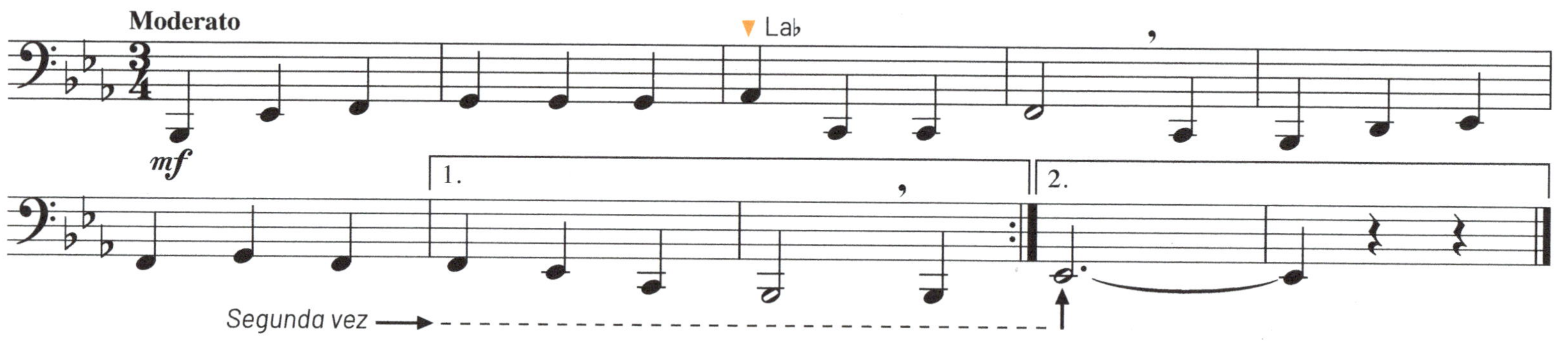

HISTORIA

La **música folclórica japonesa** en actualidad tiene sus orígenes en la antigua China. "Sakura, Sakura" se interpretaba con instrumentos como el **koto**, un instrumento de 13 cuerdas con más de 4000 años de antigüedad, y también con el **shakuhachi** o flauta de bambú. El sonido único de esta antigua melodía japonesa se debe a la secuencia pentatónica (o secuencia de cinco notas) utilizada en este sistema tonal.

### 77. Sakura, sakura – arreglo de banda

Canción folclórica japonesa
Arr. por John Higgins

## 78. Sobre la azotéa

## 79. Alegre viejo San Nicolas – dúo

Consulte la página 9 para música navideña adicional, Mi dreydl y Cascabeles.

## 80. La gran corriente de aire – nota nueva

## 81. Tema de vals (Vals de la viuda alegre)

Franz Lehar

## 82. Tiempo de aire

## 83. Allá por la estación

## 84. Essential Elements: Prueba

## 85. Creatividad Esencial *Usando estas notas, improvisa tus propios ritmos:*

# DESARROLLADOR DE TONO *Entrenamientos para tono y técnica*

## 86. Desarrollador de tono *Utilice un flujo de aire constante*

## 87. Desarrollador de ritmo

## 88. Ejercicios de técnica

## 89. Coral *adaptado de la Cantata 147*

Johann Sebastian Bach

**TEORÍA**

## Tema y variación

Una forma musical que presenta un **tema** o melodía principal, seguido por **variaciones** o versiones alteradas del tema.

## 90. Variaciones sobre un tema conocido

## D.C. al Fine

En el **D.C. al fine** toca de nuevo desde el principio, deteniéndose en **fine**.
**D.C.** es la abreviación para **Da Capo** o "al principio" y **fine** significa el final.

## 91. Canción del barco banana

Canción folclórica caribeña

## Becuadro ♮

TEORÍA

Un **becuadro** cancela un bemol o un sostenido y permanece en efecto durante todo el compás.

### 92. Filo de navaja – nota nueva

### 93. La caja de música

HISTORIA

Las canciones espirituales **afroamericanas** se originaron en los 1700's a mediados del período de la esclavitud en Estados Unidos. Una de las categorías más grandes de la auténtica música folclórica estadounidense, estas canciones, principalmente religiosas, se cantaron y se transmitieron de generación en generación sin ser escritas. La primera colección de espirituales se publicó en 1867, cuatro años después de la promulgación de la Proclamación de Emancipación.

### 94. Ezekiel vió la rueda

Canción espiritual africana-americana

## Ligadura

Una línea curva que conecta notas de diferente altura.
Articular solo la primera nota de una **ligadura**.

### 95. Operador hábil

▲ *Ligar 2 notas- articular solo la primera nota.*

### 96. Deslizando

▲ *Ligar 4 notas- articular solo la primera nota*

HISTORIA

El **ragtime** es un estilo musical norteamericano popular desde la década de 1890 hasta la primera guerra mundial. Esta forma temprana de jazz dio fama a pianistas como "Jelly Roll" Morton y Scott Joplin, autores de "The Entertainer" y "Maple Leaf Rag". Sorprendentemente, el estilo se incorporó a algunas obras orquestales de Igor Stravinsky y Claude Debussy. Los trombones ahora aprenden a tocar el glissando, una técnica utilizada en el ragtime y otros estilos musicales.

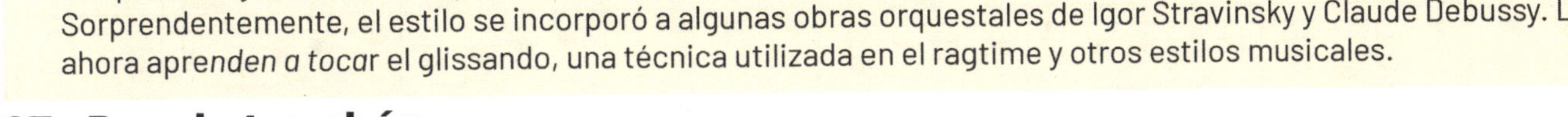

### 97. Rag de trombón

### 98. Essential Elements: Prueba

### 99. Tomar la delantera – nota nueva

**TEORÍA**

**Frase** Una "oración" musical que comúnmente tiene 2 o 4 compases.
Trata de tocar **una** frase completa con una sola respiración.

### 100. El viento frío

### 101. Fraseología

*Escribe los signos de respiración (,) entre las frases.*

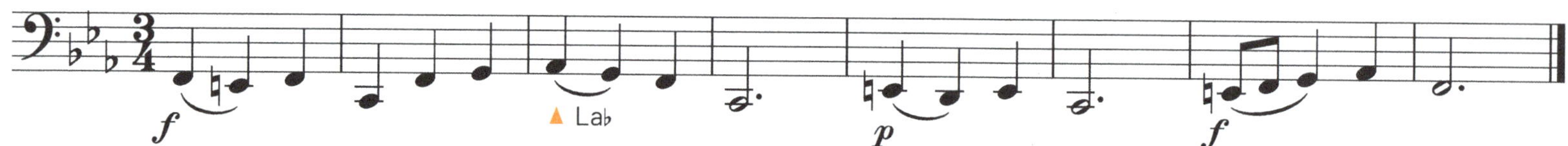


**TEORÍA**

**Armadura nueva**

Esta **Armadura** indica la Clave de Fa (F). Tocar cada Si (B) como bemol (B♭)

**Silencios de compases multiples**

El número sobre en pentagrama indica cuantos compases completos requieren silencio. Contar cada compás de silencio en secuencia:

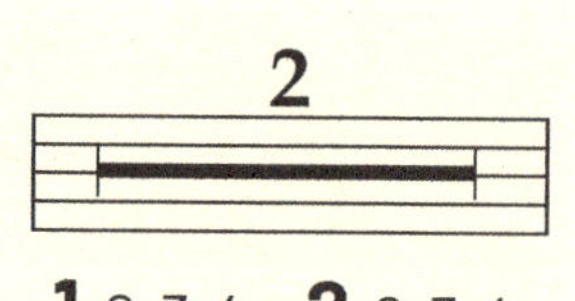


### 102. Latin Satinado

**HISTORIA**

El compositor alemán **Johann Sebastian Bach** (1685–1750) fue parte de una gran familia de músicos famosos y se convirtió en el compositor más reconocido de la época barroca. Comenzando como miembro del coro, Bach pronto se convirtió en organista, profesor y compositor prolífico, que escribió más de *600 obras* maestras. Este Minueto, o danza en compás de 3/4, fue escrita como una pieza didáctica para su uso con una forma temprana del piano.

### 103. Minuet – dúo

Johann Sebastian Bach

### 104. Creatividad Esencial

*Esta melodía se puede tocar en 3/4 o 4/4. Dibuja a lápiz cualquiera de las dos compases, dibuja las líneas divisorias y toca la canción. Ahora borra las líneas divisorias y prueba con el otro compás. ¿Suenan diferentes las frases?*

## 105. Naturalmente

▲ Mi♮ ▲ Mi♭

El compositor austriaco **Franz Peter Schubert** (1797–1828) vivió una vida más corta que cualquier otro gran compositor, pero creó una increíble cantidad de música: más de 600 canciones artísticas (música de concierto para voz y acompañamiento), diez sinfonías, música de cámara, óperas, obras corales y piezas para piano. Su "Marcha militar" fue originalmente un dúo de piano.

**HISTORIA**

## 106. Marcha militar

Franz Schubert

## 107. La zona plana – nota nueva

## 108. Encima de viejo Smokey

Canción folclórica estadounidense

**El boogie-woogie** es un estilo de **blues**, y fue grabado por primera vez por el pianista Clarence "Pine Top" Smith en 1928, un año después del vuelo en solitario de Charles Lindbergh a través del Atlántico. La música blues, como una forma de jazz, presenta notas alteradas y generalmente se escribe en versos de 12 compases, como "Boogie del bajo de abajo".

**HISTORIA**

## 109. Boogie del bajo de abajo – dúo

Notas negras con puntillo y corcheas
1 y 2 y
= 2 pulsos
Un punto añade la mitad del valor de la negra.
1 y 2 y
Una sola corchea tiene una bandera en la plica.
110. Rap de ritmo
Palmadas
111. El punto siempre cuenta
112. Toda la noche
Fine
D.C. al Fine
113. Chabolas de mar
Utiliza siempre la corriente de aire completa.
Canción folclórica inglesa
Moderato
114. La feria de Scarborough
Canción folclórica inglesa
Andante
115. Rap de ritmo
Palmadas
116. El cambio de rumbo
117. Essential Elements: Prueba – Auld lang syne
Canción folclórica escocesa
Andante
Revisa el ritmo

# RENDIMIENTO DESTACADO

## Solo con Acompañamiento de Piano

Puedes realizar este solo con o sin un pianista acompañante. Tócalo para la banda, la escuela o tu familia. Este pasaje forma parte de la **Sinfonía #9 ("Del Mundo Nuevo")** del compositor checo **Antonin Dvorák** (1841-1904). Él escribió la obra mientras visitaba Estados Unidos en 1893, y se inspiró para incluir melodías de canciones folclóricas y espirituales estadounidenses. Este es el tema Largo (o "tempo muy lento").

### 118. Tema de "Sinfonía del nuevo mundo"

Antonin Dvorák

## Técnica especial de tuba – Deslizamientos de labios

Los **deslizamientos de labios** son notas unidas por ligadura sin cambiar las válvulas. Los músicos de metal los practican para desarrollar un flujo de aire más fuerte y una embocadura más firme, así como para aumentar el registro. Añade este patrón a tus ejercicios de calentamiento diarios:

*Los grandes músicos animan a sus compañeros intérpretes. En esta página, los clarinetistas aprenden el registro superior de sus instrumentos en los "Saltos de gorila granadilla" (llamado así por la madera de granadilla utilizada para hacer clarinetes). Los músicos de instrumentos metales aprenden las ligaduras de labios, un nuevo patrón de calentamiento. El éxito de tu banda depende del esfuerzo y el estímulo de todos.*

### 119. Salto de gorila granadilla n.° 1

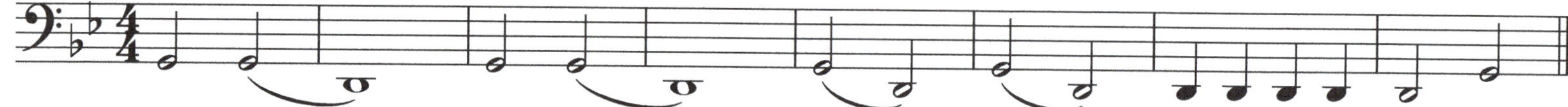

### 120. Saltando arriba y abajo

### 121. Salto de gorila granadilla n.° 2

### 122. Saltando con alegría

### 123. Salto de gorila granadilla n.° 3

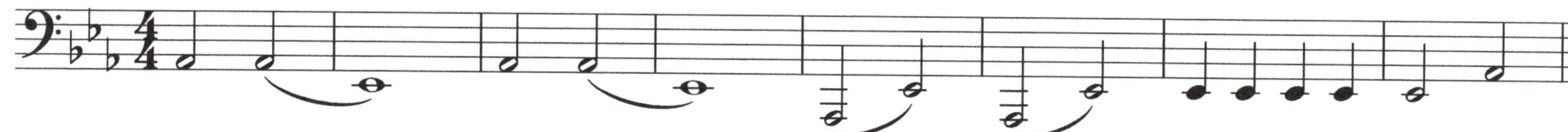

### 124. Saltos de tijera

TEORÍA

### Intervalo

La distancia entre dos tonos es un **intervalo.** Comenzando con "1" en la nota más baja, cuenta cada línea y espacio entre las notas. El número de la nota más alta es la distancia del intervalo.

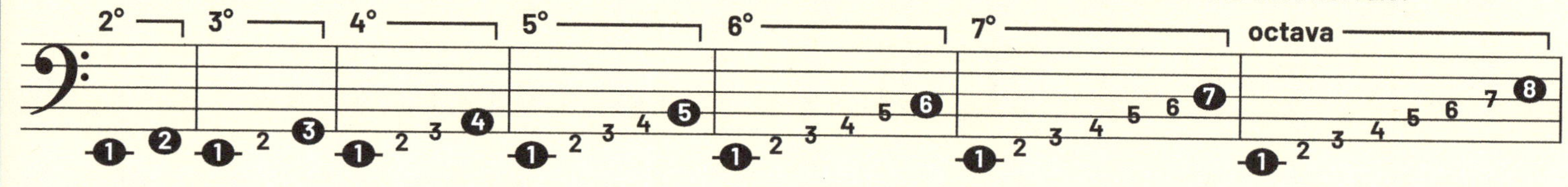


### 125. Essential Elements: Prueba

*Escribe los números de los intervalos, contando hacia arriba desde las notas más bajas.*

*Canciones adicionales están disponibles en línea. Consulte la portada interior para obtener más detalles.*

## 126. Salto de gorila granadilla n.° 4

## 127. Tres es la cuenta

## 128. Salto de gorila granadilla n.° 5

## 129. Ejercicios de técnica

## 130. Cruzando – nota nueva

**Do**

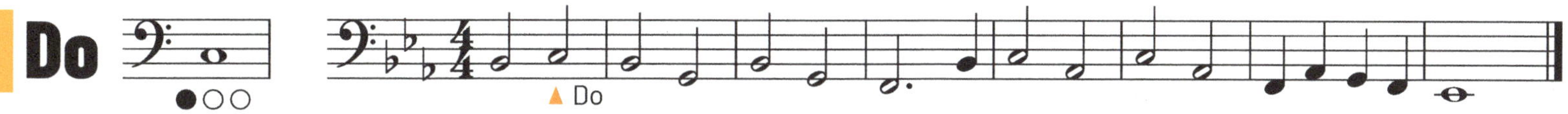


**Trío**

Un **trío** es una composición con tres partes tocadas juntas.
Practica este trío con otros dos músicos y escucha la armonía a 3 voces.

## 131. Kum bah yah – trío *Compruebe siempre la armadura*

Canción folclórica africana

## Signos de Repetición

Repite la sección de música encerrada por los **signos de repetición**. (Si se usan terminaciones 1ª y 2ª, se tocan como de costumbre, pero se vuelve a la primera señal de repetición, no al principio).

### 132. Michael rema el bote hasta la orilla

Canción folclórica africana

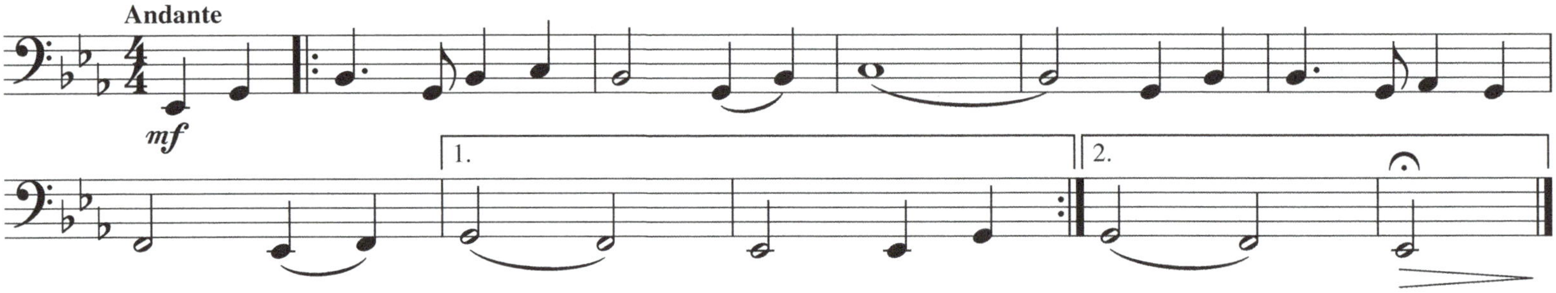

Andante

*mf*

1. 2.

### 133. Vals austríaco

Canción folclórica austriaco

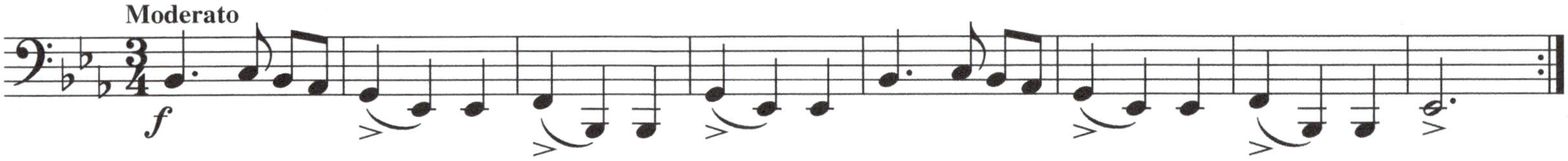

Moderato

*f*

### 134. Bahía botánica

Canción folclórica australiano

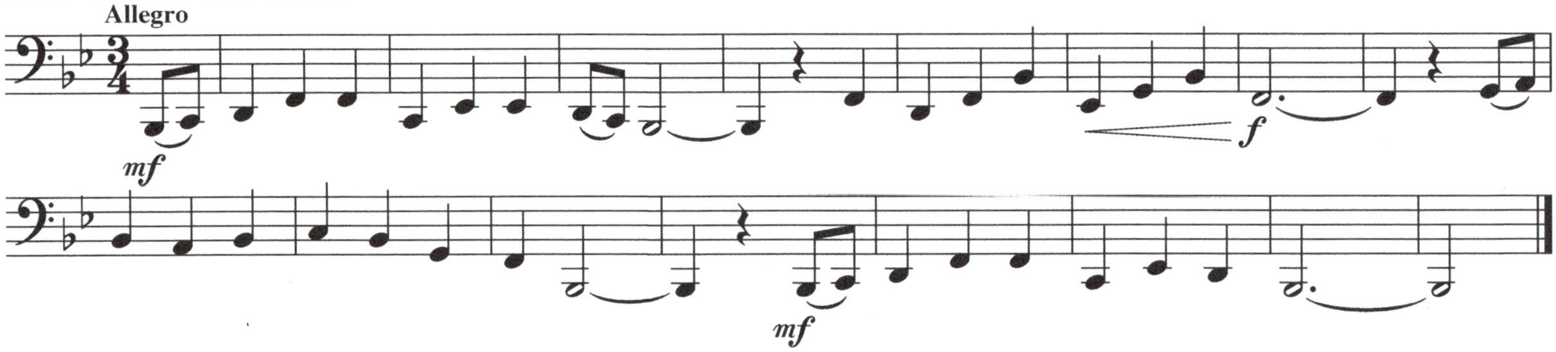

Allegro

*mf* *f* *mf*

### C Compás

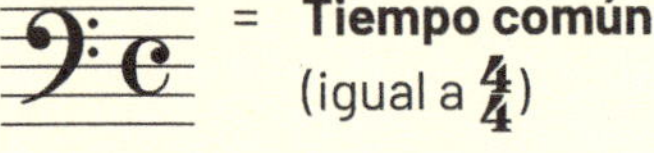

= **Tiempo común** (igual a $\frac{4}{4}$)

### Dirigiendo

Practica dirigir este patrón de cuatro pulsos

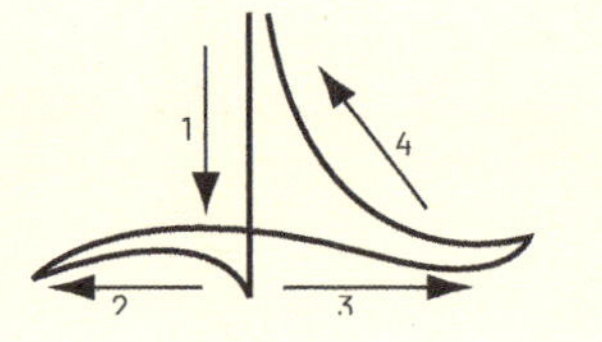


### 135. Ejercicios de técnica

*Practica este ejercicio en todos los niveles dinámicos.*

### 137. Creatividad Esencial

*Crea tus propias variaciones dibujando un punto y una bandera para cambiar el ritmo de cualquier compás de* ♩ ♩ *a* ♩. ♪

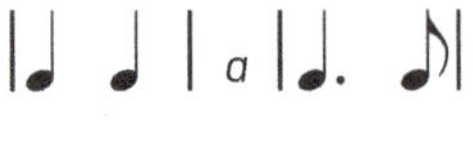

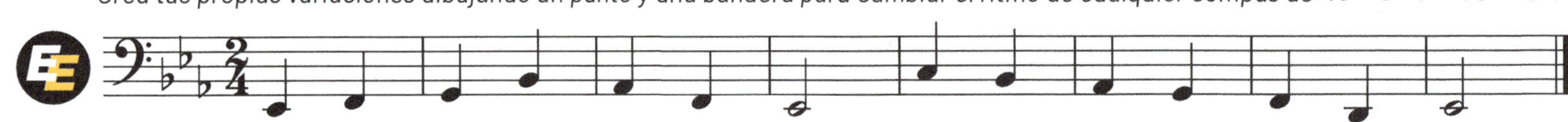

**138. Saltos fáciles de gorila**

**139. Ejercicios de técnica** *Compruebe siempre la armadura.*

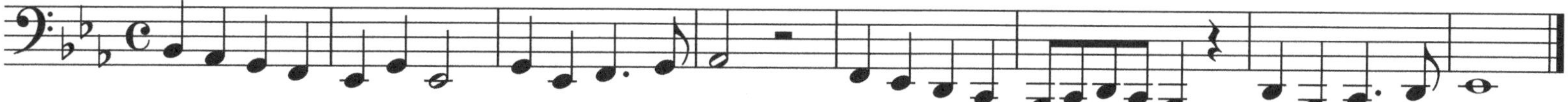

**140. Otro ejercicio de técnica**

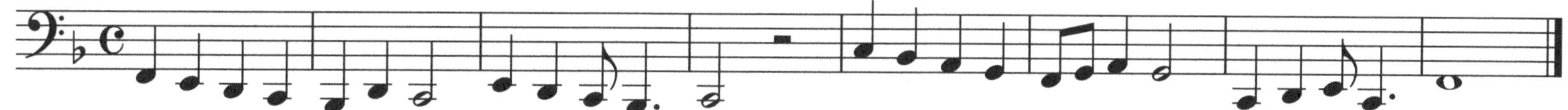

**141. Canción alemana folclórica**

**142. Cuando los santos vuelven a marchar**

**143. Paseo de los gorila de tierra-baja**

**144. Navegación tranquila**

**145. Más saltos de gorila**

**146. Cobertura total**

TEORÍA

## Escala

Una **escala** es una secuencia de notas en orden ascendente o descendente. Como una "escalera" musical, cada escala de paso es la siguiente nota consecutiva en la tonalidad. Esta escala está en tu clave de Si bemol (B♭), usando dos bemoles. La dos notas mas superior e inferior son ambas Si bemoles. El intervalo entre las dos es de una octava.

### 147. Escala de Si bemol

TEORÍA

## Acorde y Arpegios

Cuando dos o más notas se tocan juntas, forman un acorde o armonía. Este acorde de Si bemol se construye a partir de los pasos 1º, 3º y 5º de la escala de Si bemol (B♭). El octavo paso es el mismo que el 1º, pero es una octava más alta. Un arpegio es un acorde "fragmentado" cuyas notas se tocan individualmente.

### 148. En armonía

*Divida las notas de los acordes entre los miembros de la banda y tóquenlos juntos. ¿Suena el arpegio como un acorde?*

### 149. Escala y arpegio

HISTORIA

El compositor austriaco **Franz Josef Haydn** (1732-1809) escribió 104 sinfonías. Muchas de estas obras tenían apodos e incluían efectos brillantes y únicos para su época. *Su sinfonía N.º 94* fue llamada "La sinfonía sorpresa" porque el suave segundo movimiento incluía una dinámica repentina y fuerte, destinada a despertar a un público a menudo adormecido. Presta atención especial a la dinámica cuando toques este famoso tema.

### 150. Tema de la Sinfonía sorpresa

Franz Josef Haydn

### 151. Essential Elements: Prueba – Las calles de Laredo

Canción folclórica estadounidense

*Escribe los nombres de las notas antes de tocar*

# RENDIMIENTO DESCATADO

## 152. Espíritu escolar – arreglo de banda

W.T. Purdy
Arr. por John Higgins

Estilo de marcha

5 ◄ *Número de compás*

13

21

29

1. 2.

**Soli**

Mientras tocando música indicado como **Soli**, eres parte de un "solo" para un grupo entero. Escucha cuidadosamente durante "Carnaval de Venezia" e identifica el nombre de los instrumentos que tocan la parte del Soli en cada compás indicada.

## 153. Carnaval de Venezia – arreglo de banda

Julius Benedict
Arr. por John Higgins

Allegro

5 8 13 8 21 7

*Soli* 29

*fin del Soli* 37 7

45

# CALENTAMIENTOS DIARIOS *EJERCICIOS PARA TONO Y TÉCNICA*

## 154. Desarrollador de registro y flexibilidad

## 155. Ejercicios de técnica

## 156. Coral

Johann Sebastian Bach

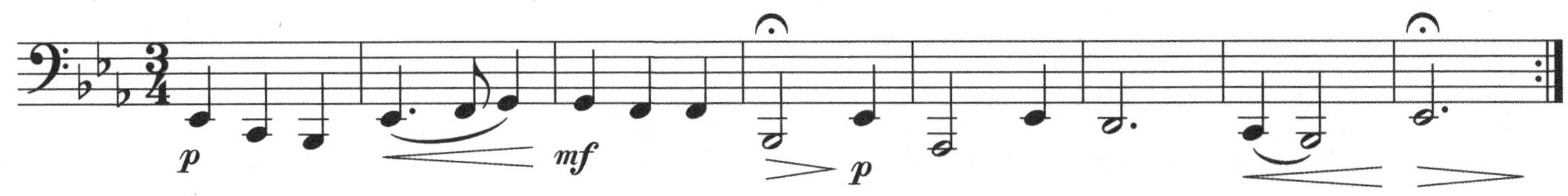


**HISTORIA**

La melodía tradicional hebrea "Hatikvah" ha sido el himno nacional de Israel desde el inicio de la nación. En la declaración de estado de 1948, fue cantada por la asamblea reunida durante la ceremonia de apertura y fue interpretada por miembros de la Orquesta Sinfónica de Palestina al concluir.

## 157. Hatikvah

Himno nacional israelí

## Nota corchea y silencio de corchea

♪ = 1/2 pulso de sonido
𝄾 = 1/2 pulso de silencio

### 158. Rap de ritmo

### 159. Marcha de corcheas

### 160. Minuet

Johann Sebastian Bach

### 161. Rap de ritmo

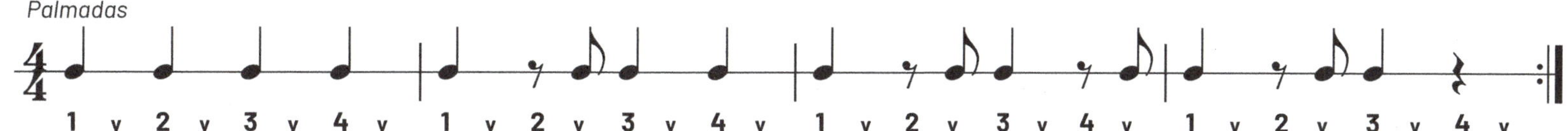


### 162. Corcheas después del pulso

### 163. Corcheas revueltas

### 164. Essential Elements: Prueba

## 165. Melodía de baile – nota nueva

**HISTORIA**

El compositor y director de orquesta estadounidense **John Phillip Sousa** (1854-1892) escribió 136 marchas. Conocido como "El rey de la marcha". Sousa escribió *The Stars and Stripes Forever, Semper Fidelis, The Washington Post* y muchas otras obras patrióticas. La banda de Sousa tocó en todo el país, y su fama ayudó aumentar la popularidad de las bandas en Estados Unidos. Aquí hay una melodía de su famosa opereta y marcha *El capitán*:

## 166. El capitán

John Philip Sousa

**HISTORIA**

O Canadá, anteriormente conocido como "la canción nacional", se representó por primera vez en el año 1880 en el Canadá Francés. Robert Stanley Weir tradujo la versión ingles en el año 1908, pero la canción no fue adoptada como el himno nacional de Canadá hasta el año 1980, cien años después de su estreno.

## 167. O Canadá

Calixa Lavallee,
l'Hon. Judge Routhier y Justice R.S. Weir

Maestoso (Majestuosamente)

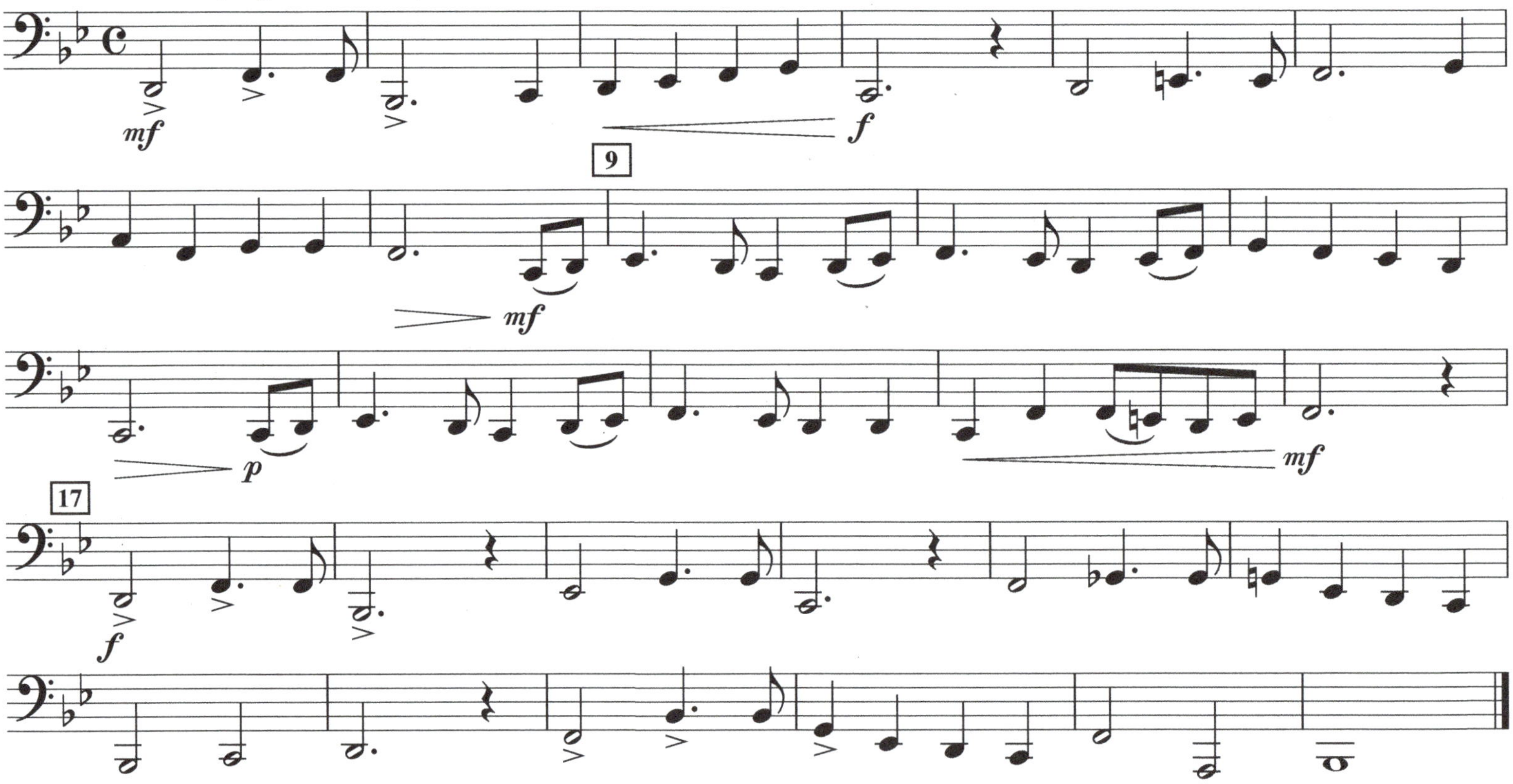

9

17

## 168. Essential Elements: Prueba – Meter mania

*Contar y pamadas antes de tocar. ¿Puedes dirigir esto?*

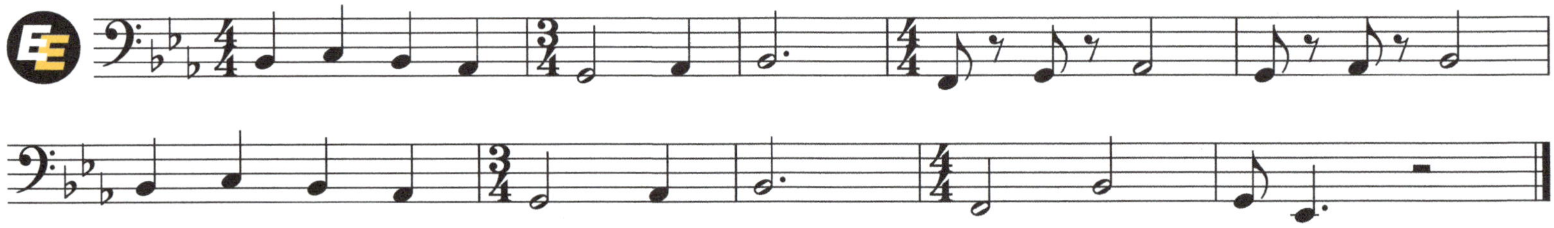

## Enarmónicos

Dos notas que están escritas de manera diferente, pero suenan igual (y tocadas con la misma digitación) se llaman **enarmónicas**. La tabla de digitación de las páginas 46 y 47 muestra las digitaciones de las notas enarmónicas de tu instrumento.

*En el teclado de un piano, cada tecla negra es a la vez un bemol y un sostenido.*

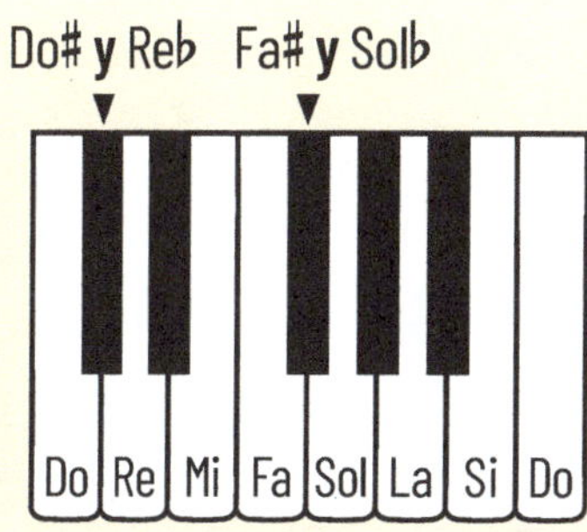


TEORÍA

### 169. Encantador de serpientes

*Las notas enarmónicas usan la misma digitación.*

### 170. Sombras oscuras

### 171. Encuentros cercanos

*Las notas enarmónicas usan la misma digitación.*

Peter Ilyich Tchaikovsky

### 173. Notas disfrazadas

## Notas cromáticas

Las **notas cromáticas** se alteran con sostenidos, bemoles y signos naturales que no están en la armadura. La distancia más pequeña entre dos notas es un semitono, y una escala formada por semitonos consecutivos se denomina **escala cromática**.

TEORÍA

### 174. Paseando en medio-pasos

**HISTORIA**

El compositor francés **Camille Saint-Saëns** (1835-1921) escribió música para prácticamente todos los medios: óperas, suites, sinfonías y obras de cámara. La "Danza egipcia" es uno de los temas principales de *su famosa ópera* Sansón y Dalila. La ópera fue escrita el mismo año en que Thomas Edison inventó el fonógrafo, 1877.

## 175. Danza egipcia *Esté atento a los enarmónicos.*

Camille Saint-Saëns

## 176. Barco de luna plata

Canción folclórica

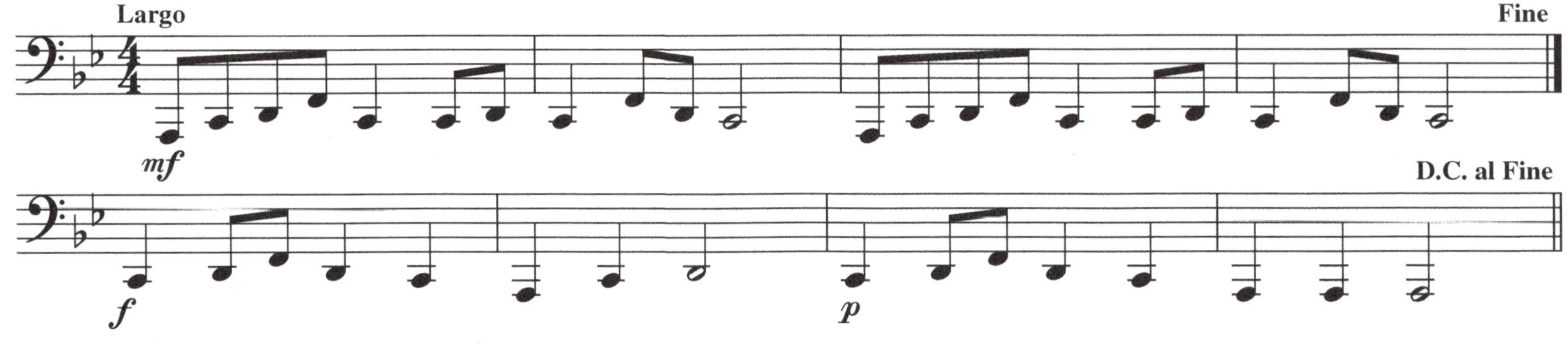


**HISTORIA**

El compositor alemán **Ludwig van Beethoven** (1770-1827) es considerado uno de los más grandes compositores del mundo, a pesar de quedar completamente sordo en 1802. Aunque no podía escuchar su música de la manera en que nosotros podemos, podía "escucharla" en su mente. Como testimonio de su grandeza, su *Sinfonía n.º 9* (p. 13) se interpretó como final de la ceremonia que celebró la reunificación de Alemania en 1990. Este es el tema de su *Sinfonía n.º 7*, segundo movimiento.

## 177. Tema de la Sinfonía n.° 7 – dúo

Ludwig van Beethoven

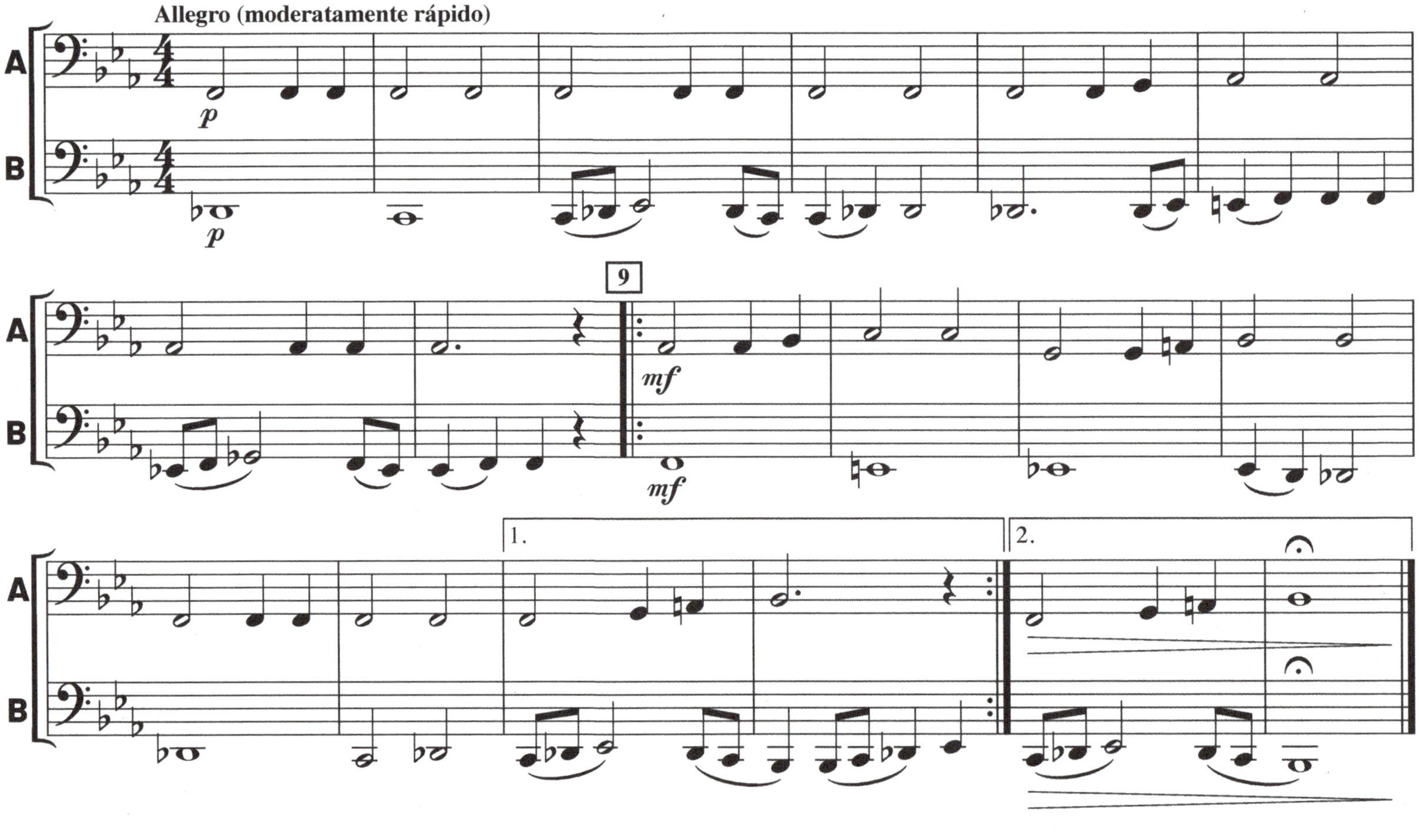

Allegro (moderatamente rápido)

A

B

p

p

9

A

B

mf

mf

1.

2.

A

B

**HISTORIA**

El compositor ruso **Peter Ilyich Tchaikovsky** (1840-1893) escribió seis sinfonías y cientos de otras obras, entre ellas el ballet *El Cascanueces*. Fue un maestro en la composición de brillantes arreglos de música folclórica, y sus melodías originales se encuentran entre las más populares de todos los tiempos. Su *Obertura de 1812* y *Capriccio Italien* fueron escritas en 1880, un año después de que Thomas Edison desarrollara la bombilla eléctrica.

*Canciones adicionales están disponibles en línea. Consulte la portada interior para obtener más detalles.*

# RENDIMIENTO DESCATADO

## 182. America la bella – arreglo de banda

Samuel A. Ward
Arr. por John Higgins

Maestoso

*f*

7 Andante

*p*

15

*f*

*mf*

*f*

25 Maestoso

*f*

## 183. La cucaracha – arreglo de banda

Canción folclórica latinoamericana
Arr. por John Higgins

Latin Rock

*f*

5

*mf*

13

*p*

25

*f*

1.

2.

# RENDIMIENTO DESCATADO

## 184. Tema de la Obertura de 1812 – arreglo de banda

Peter Ilyich Tchaikovsky
Arr. por John Higgins

# RENDIMIENTO DESCATADO

## Solo con Acompañamiento de piano

Actuar frente a una audiencia es una parte emocionante de participar en la música. Este solo está basado en la Sinfonía n.º 1 del compositor alemán **Johannes Brahms** (1833-1897). Él completó su primera sinfonía en 1876, el mismo año en que Alexander Graham Bell inventó el teléfono. Tú y un acompañante al piano pueden interpretarlo para la banda o en otros eventos escolares y comunitarios.

### 185. Tema de Sinfonía n.º1 – Solo *(version de Mi-bemol)*

Johannes Brahms
Arr. por John Higgins

# DÚOS

Esta es una oportunidad para reunirse con un amigo y disfrutar tocando música. El otro estudiante no tiene que tocar el mismo instrumento que tú. Intenta que coincidan exactamente con respeto al ritmo, las notas y la calidad del tono. Eventualmente, puede comenzar a sonar como si las dos partes están siendo interpretadas por una sola persona! Más tarde, intente intercambiar las partes.

## 186. Baja suave, dulce carroza – Dúo

Canción espiritual africana-americana

## 187. La bamba – Dúo

Canción folclórica mexicana

# ESTUDIOS DE ESCALA Y ARPEGIOS DE RUBANK

## Clave de Si bemol

*En esta armadura, tocar todos Si♭ y Mi♭.*

**1.**

**2.**

**3.**

**4.**

## Clave de Mi bemol

*En esta armadura, tocar todos Si♭, Mi♭ y La♭*

**1.**

**2.**

**3.**

**4.**

# ESTUDIOS DE ESCALA Y ARPEGIOS DE RUBANK

## Clave de Fa *En esta armadura, tocar todos Si♭*

**1.**

**2.**

**3.**

**4.**

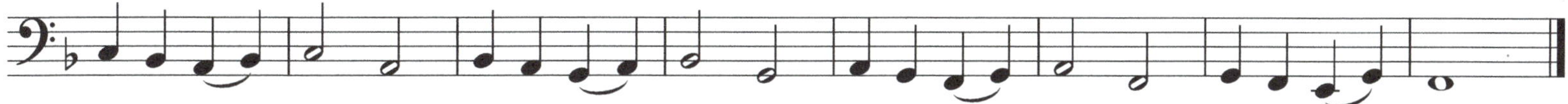

## Clave de La bemol *En esta armadura, tocar todos Si♭, Mi♭, La♭, Re♭*

**1.**

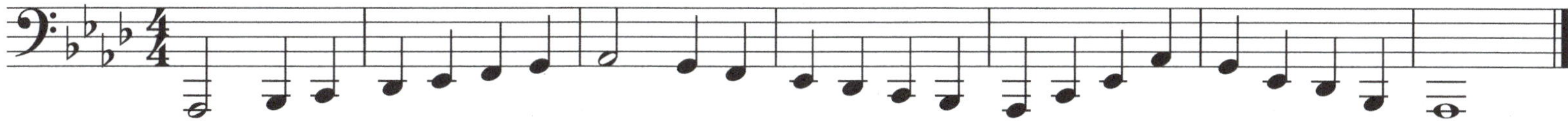

**2.**

**3.**

**4.**

# ESTUDIOS DE RITMO

# ESTUDIOS DE RITMO

# CREANDO MÚSICA

TEORÍA

## Composición

**Composición** es el arte de crear música original. Usualmente empieza creando una melodía que consiste de varias **frases**, como breves oraciones musicales. Algunas melodías tienen frases que parecen responderle a las frases que parecen presentar una pregunta, como en las obra de Beethoven *"Ode To Joy"*. Toca esta melodía y escucha como las frases 2 y 4 dan respuestas un poco variadas a la misma pregunta (frase 1 y 3).

### 1. Oda a la alegría

Ludwig van Beethoven

### 3. Desarolladores de frases *Escribe 4 frases diferentes usando los ritmos debajo de cada pentagrama.*

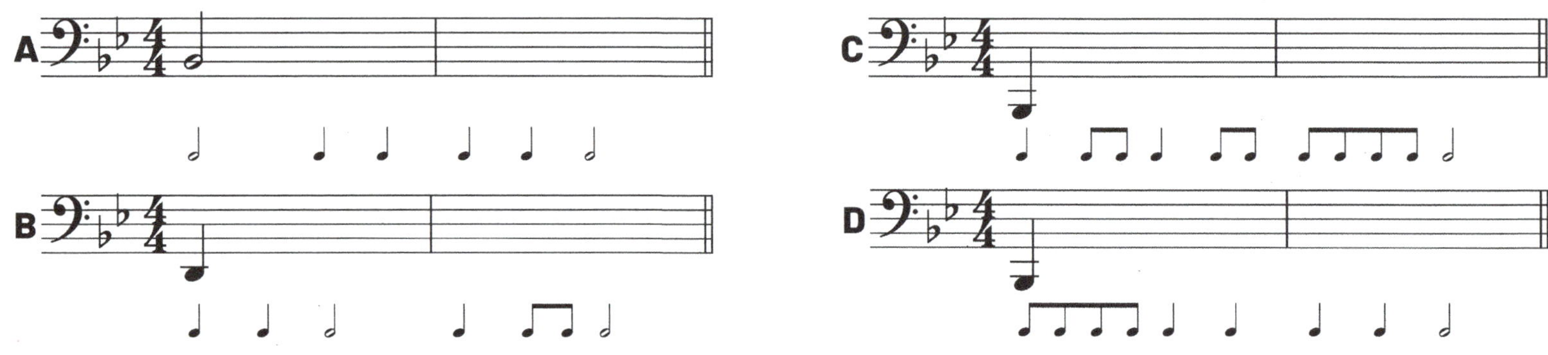


### 4. Créa su proprio título: ____________________

*Escoge la frase A, B, C o D de arriba y escríbela como la "Pregunta" para las frases 1 y 3 debajo. Luego escribe 2 respuestas diferentes para las frases 2 y 4.*

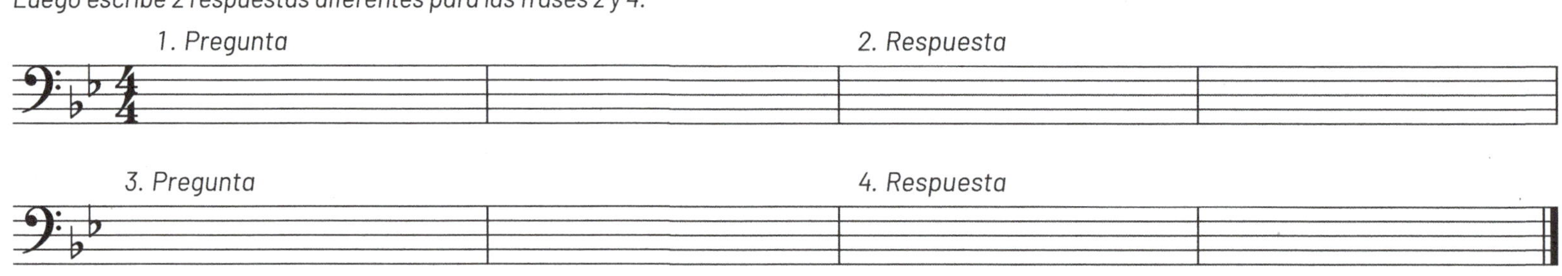

## Improvisación

**La improvisación** es el arte de crear libremente tu propia melodía mientras tocas. Usa estas notas para tocar tu propia melodía (Línea A), para tocar con el acompañamiento (Línea B).

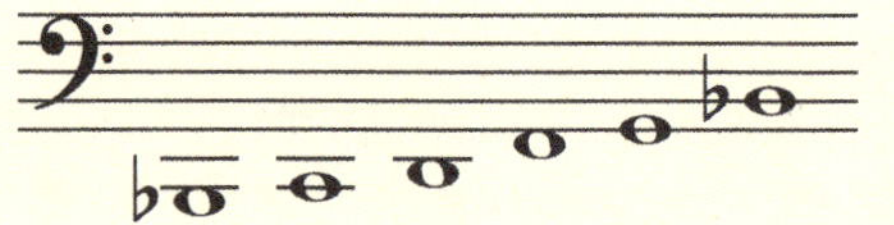

### 5. Melodía instante

Puedes marcar tu progreso a través del libro en esta página.
Rellena las estrellas según las instrucciones del director de la banda.

1. Página, 2-3 Los básicos
2. Página 5, EE prueba, n.º 13
3. Página 6, EE prueba, n.º 19
4. Página 7, EE prueba, n.º 26
5. Página 8, EE prueba, n.º 32
6. Página 10, EE prueba, n.º 45
7. Página 12-13, rendimiento destacado
8. Página 14, EE prueba, n.º 65
9. Página 15, creatividad esencial, n.º 72
10. Página 17, EE prueba, n.º 84
11. Página 17, creatividad esencial, n.º 85
12. Página 19, EE prueba, n.º 98
13. Página 20, creatividad esencial, n.º 104
14. Página 21, n.º 109
15. Página 22, EE prueba, n.º 117
16. Página 23, rendimiento destacado
17. Página 24, EE prueba, n.º 125
18. Página 26, creatividad esencial
19, Página 28, n.º 149
20. Página 28, EE prueba, n.º 151
21. Página 29, rendimiento destacado
22. Página 31, EE prueba, n.º 164
23. Página 32, EE prueba, n.º 168
24. Página 33, n.º 174
25. Página 35, EE prueba, n.º 181
26. Página 36, rendimiento destacado
27. Página 37, rendimiento destacado
28. Página 38, rendimiento destacado

# Música – un elemento esencial de la vida

# TABLA DE DIGITACIONES — TUBA

## Recordatorios para el cuidado del instrumento

Antes de guardar tu instrumento en su estuche después de tocar, haz lo siguiente:

- Usa la llave de agua para vaciar el agua del instrumento. Sopla aire a través de él.
- Quita la boquilla. Una vez a la semana, lava la boquilla con agua tibia del grifo y sécala completamente.
- Limpia el instrumento con un paño limpio y suave. Guarda el instrumento en su estuche.

Las válvulas de la tuba necesitan aceitarse ocasionalmente. Para aceitar las válvulas de tu tuba:

- Desenrosca la válvula en la parte superior de la carcasa.
- Levanta la válvula a medio camino fuera de la carcasa.
- Aplica unas gotas de aceite especial para válvulas de metales sobre la válvula expuesta.
- Devuelve la válvula cuidadosamente a su carcasa. Cuando esté correctamente colocada, la parte superior de la válvula debería enroscarse fácilmente en su lugar.

Asegúrate de engrasar las bombas y deslizamientos regularmente. Tu director te recomendará grasa para deslizamientos y aceite para válvulas, y te ayudará a aplicarlos cuando sea necesario.

PRECAUCIÓN: Si una bomba, una válvula o la boquilla se atascan, pide ayuda a tu director de banda o a un técnico de instrumentos musicales. Se deben usar herramientas especiales para evitar daños al instrumento.

*Instrumentos y fotografías cortesía de Yamaha.*

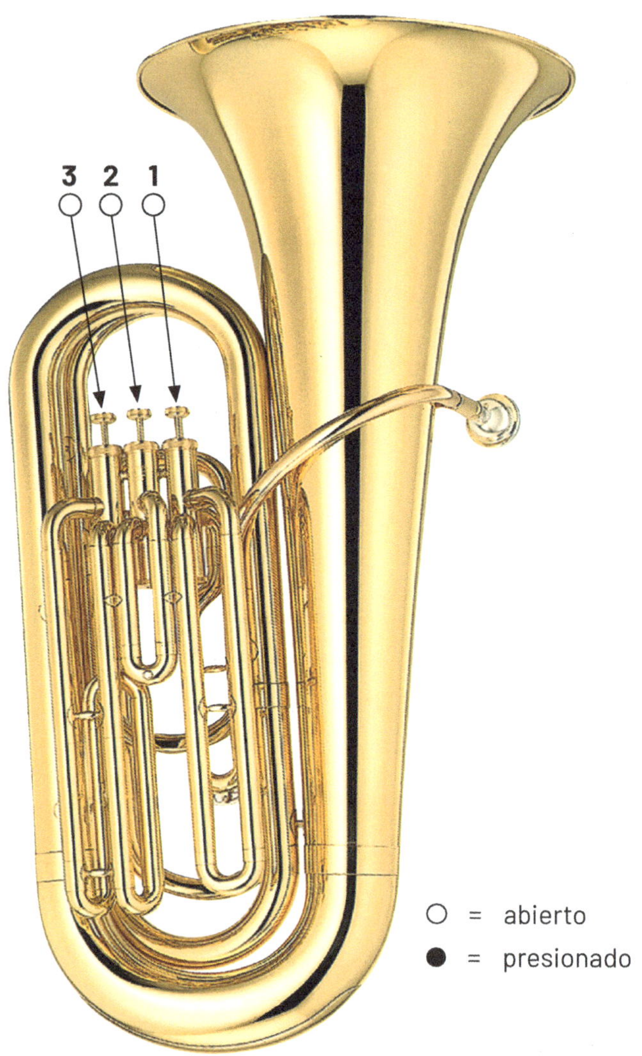


○ = abierto
● = presionado

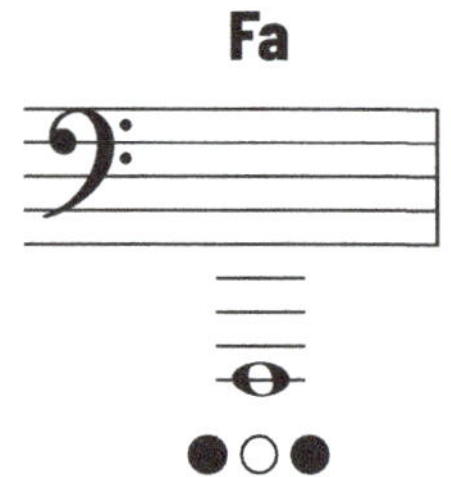

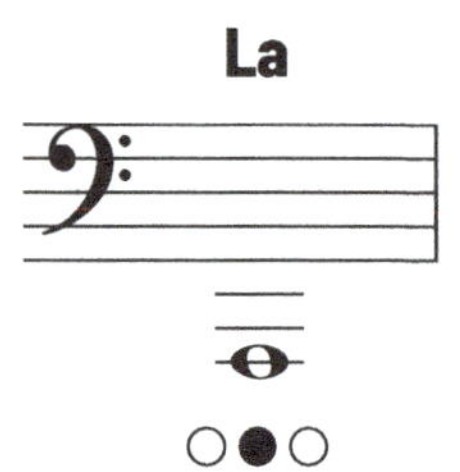

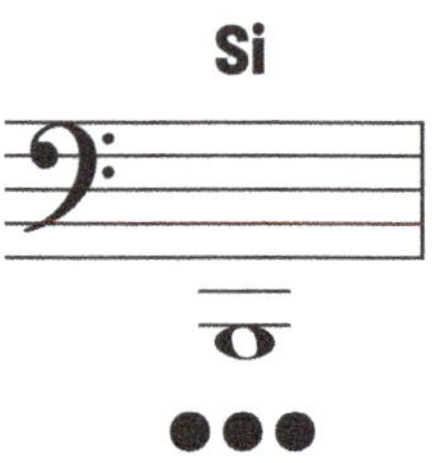

# TABLA DE DIGITACIONES

## TUBA

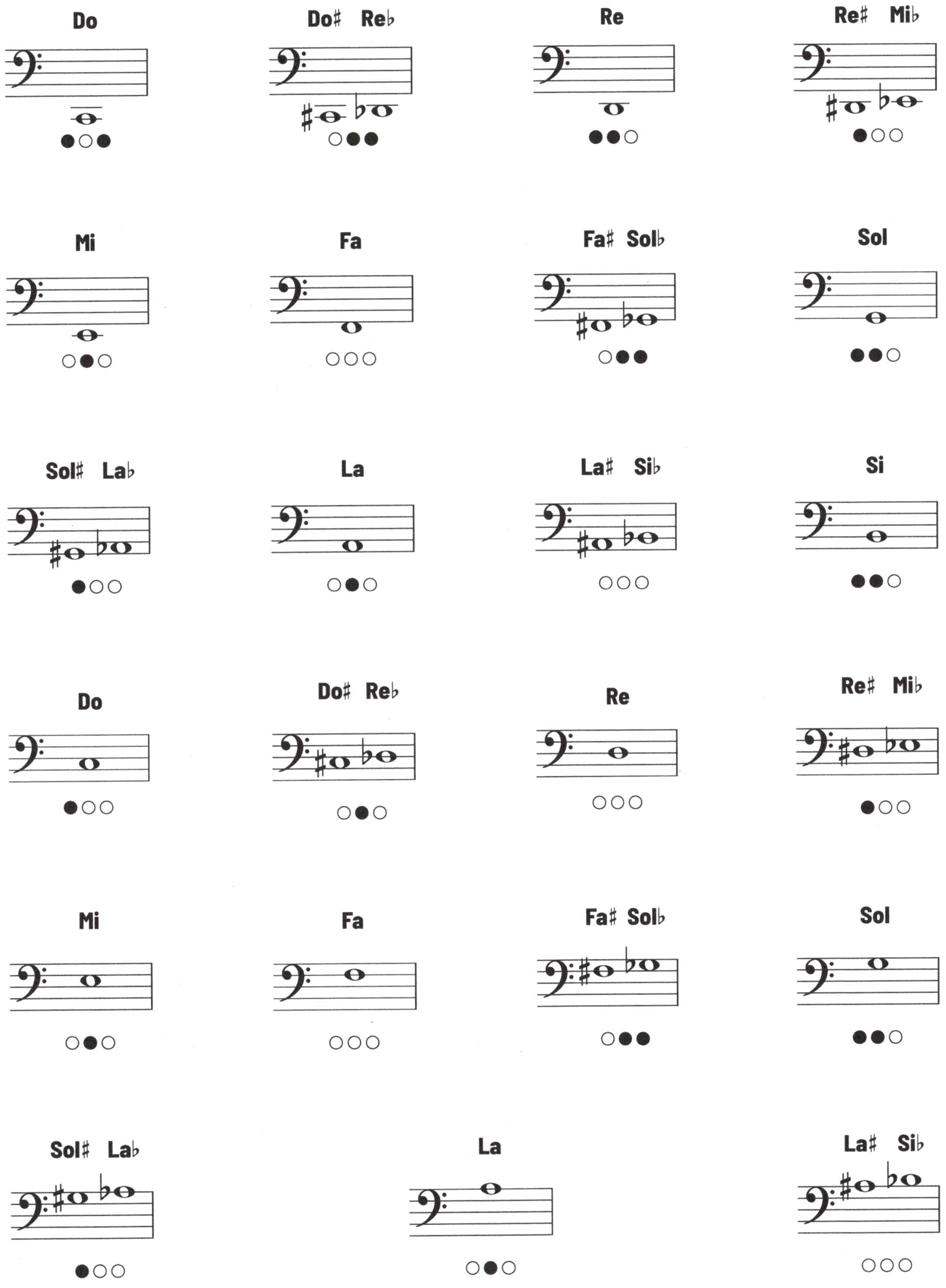

| Do | Do♯ Re♭ | Re | Re♯ Mi♭ |
|---|---|---|---|
| ●○● | ○●● | ●●○ | ●○○ |

| Mi | Fa | Fa♯ Sol♭ | Sol |
|---|---|---|---|
| ○●○ | ○○○ | ○●● | ●●○ |

| Sol♯ La♭ | La | La♯ Si♭ | Si |
|---|---|---|---|
| ●○○ | ○●○ | ○○○ | ●●○ |

| Do | Do♯ Re♭ | Re | Re♯ Mi♭ |
|---|---|---|---|
| ●○○ | ○●○ | ○○○ | ●○○ |

| Mi | Fa | Fa♯ Sol♭ | Sol |
|---|---|---|---|
| ○●○ | ○○○ | ○●● | ●●○ |

Sol♯ La♭

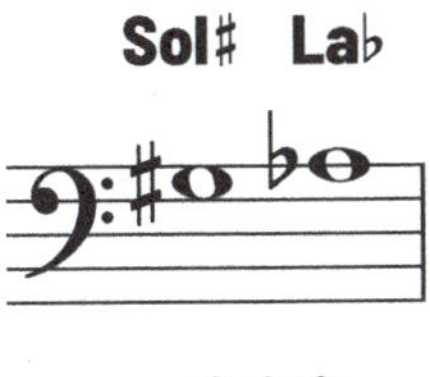

●○○

La

○●○

La♯ Si♭

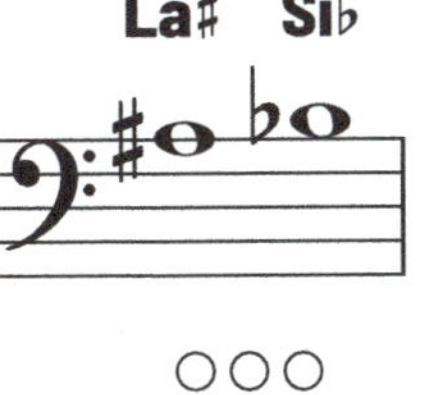

○○○

# Índice de referencia

## Definiciones (páginas)



## Compositores



## Música del mundo